¡Quiero!
Educación de la voluntad

Miguel Angel Fuentes

¡Quiero!
Educación
de la Voluntad

Chillum—2016

Cover Design
  © IVE Press

Cover Art
  © IVE Press

Text
  © Institute of the Incarnate Word, Inc.
  All rights reserved.

Manufactured in the United States of America.

IVE Press, Chillum, MD

  www.ivepress.org

ISBN   1-939018-46-3
ISBN-13   978-1-939018-46-5

Printed in the United States of America ∞

Índice

INTRODUCCIÓN 9

1. Tres tipos de voluntad 13
   1) Voluntad veleidosa e indecisa 13
   2) Voluntad engañada 15
   3) Verdadera voluntad 17

2. El sondeo de la voluntad 19
   1) Algunas clasificaciones 20
   2) Examen general de la voluntad 24
   3) Examen "histórico" de la voluntad 28

3. La voluntad deficiente: raíces y causas 31
   1) Los impedimentos del acto voluntario 31
   2) Algunas deficiencias más propias de la voluntad 37

4. Trabajo sobre los motivos de la voluntad 55
   1) El primer orden es el racional 58
   2) El segundo es el pasional o afectivo 61
   3) Encontrar "el" motivo 65
   4) Algo más sobre los motivos de la voluntad 67

5. Trabajo sobre la voluntad en los casos más graves 69

6. Educar la voluntad mediante actos 73
   1) Metas, medios y exámenes 75
   2) Imponerse una penitencia 78
   3) Otros recursos 81
   4) Voluntad y hábitos 84

7. **La voluntad de concentrarse y de desviarse** 89
   1) Doble actividad cognoscitiva 92
   2) Reeducación de la receptividad 93
   3) Reeducación de la emisividad 98

8. **Voluntad y esfuerzo** 103
   1) Esfuerzo contra facilismo 104
   2) Algo práctico: los "innegociables" 110

9. **Procrastinación y relajación de la voluntad** 113

10. **¿Indecisión o egoísmo?** 117
    1) La baja autoestima 117
    2) La indecisión del egoísta 121
    3) Remedio de la indecisión 126

11. **Voluntad y responsabilidad** 131

12. **La religión y la formación de la voluntad** 139

13. **Conclusiones** 143

Introducción

¿Es posible *educar* una voluntad en la que han crecido como maleza hábitos desordenados y costumbres corrompidas? ¿Podemos *reeducarla* cuando se ha desviado del recto camino durante años? ¿O volver a vigorizarla cuando padece un decaimiento generalizado y está postrada en la indolencia? Es posible siempre y cuando se realice un trabajo que incluya varios elementos esenciales.

El primero es que se logren conocer acertadamente todos los defectos que se padecen en este terreno, porque, como dice la antigua copla: "la primera medicina es saber la enfermedad". Un impedimento para una curación o educación o reeducación volitiva es el conocimiento superficial o parcial de los auténticos problemas que aquejan la voluntad.

Lo segundo, es que tengamos la convicción de que es posible todo aquello que *debamos* pero no necesariamente todo aquello que *queramos* proponernos, porque bien podemos pretender metas en sí mismas imposibles o utópicas o que Dios no quiere para nosotros. Hay que ser realistas.

Tercero, que tengamos en cuenta que...

... se debe evitar el naturalismo (o pelagianismo) *hollywoodense* que repite la cantinela del "¡tú puedes!" aplicada tontamente, como si el problema y su solución se redujese exclusivamente a una deficiente estima de sí mismo. Es cierto que podemos alcanzar metas altísimas y heroicas y que no hay obstáculo que sea invencible *supuestas* ciertas verdades: 1º que me proponga algo real (no puedo convertirme en ángel ni volverme invisible); 2º que sea algo honesto (pues aunque *pueda* hacer cosas malas, no debo hacerlas, ni me hacen grande); 3º que haga un trabajo serio en mi voluntad; 4º y que Dios me ayude.

... muchas cosas las puedo porque, de hecho, están dentro del alcance de mis fuerzas humanas, aunque yo piense erróneamente que no es así.

... y que todas las que no puedo con mis solas fuerzas, sea porque mi voluntad está enferma o porque superan la naturaleza humana, las puedo *con la gracia de Dios, que Él a todos nos ofrece* en orden a la salvación.

En cuarto lugar, que no perdamos de vista que es absolutamente necesario tener una meta clara y precisa, esto es, cargada de motivos de peso que la hagan no solo deseable de alcanzar sino *imposible de no lanzarme a buscarla*. Es importante revisar una y otra vez los motivos por los cuales nos movemos y añadir siempre nuevos. Si el joven enamorado no "meditara" en las razones para amar a su novia (belleza, o virtud, o buenas cualidades...) la dejaría de querer prontamente o no la amaría seriamente.

En quinto lugar, que conozca los medios para alcanzar lo que me propongo.

Y, finalmente, que ejercite incansablemente la voluntad.

A continuación vamos a tratar de ofrecer algunas líneas para este importante trabajo.

1.

Tres tipos de voluntad

Hay tres tipos generales de voluntad con numerosos subtipos, o, si se prefiere, *actitudes volitivas*.

1) Voluntad veleidosa e indecisa

La voluntad veleidosa es la que se expresa en "indicativo potencial": yo *querría*, a mí me *gustaría*, *tendría* que... Esta forma de voluntad no es un querer verdadero; se mantiene en un plano previo; es una voluntad en potencia. Sin embargo a menudo (o sea, no siempre) *reconoce su limitación*, es decir, tiene conciencia de su incapacidad de querer auténticamente el bien. No tiene energía para querer de veras pero al menos suele darse cuenta de ello. Es una voluntad *con ojeras*: llorona, triste, amargada. En cierto modo puede ser también *resentida* consigo misma, pues el veleidoso y el abúlico se quejan y se lamentan de su propia inutilidad... pero hacen poco y nada por remediarlo.

En los casos más graves, no tenemos ni siquiera una veleidad – un "querría"– sino indiferencia, abandono, desidia; en una palabra: "apatía"; aunque quizá estemos aquí más ante un problema de la afectividad (o sea, en el plano sensible de las pasiones o emociones) y no de la volición (como trasluce la misma palabra: *a-pathos*, falta de pasión, de emoción o afecto). En el campo volitivo se presentan algunas anomalías como la *debilidad de la voluntad* o *abulia*, que es la pronunciada disminución de la voluntad[1]. Es una especie de impotencia para moverse o para dominar el curso de los pensamientos, que fluyen ante la conciencia sin que la persona los pueda detener. No siempre se trata de problemas estrictamente enfermizos; pueden darse tanto en personas sanas pero débiles así como en casos propiamente patológicos; como señala Ribot, "cierto comienzo de abulia se da ya en los caracteres normales débiles que necesitan arrimarse a otro para hacer algo. Si no, nunca llegan a decidirse; cualquier nuevo pensamiento basta para volver a dudar. [En cambio] la abulia propiamente dicha es patológica"[2].

En otros casos lo que se experimenta es propiamente "astenia", o sea, "un *cansancio anterior al esfuerzo*. El cansancio tiene dos aspectos: uno físico, que se produce tras una laboriosidad

---

[1] "La disminución de la [voluntad] es más correcta llamarla *hipobulia*. La actividad no se dirige a ningún punto, no hay meta que alcanzar, porque se está supeditado a una situación en la que lo más importante es la desmotivación. Es decir, no estar motivado es un estado psicológico comparable a estar deprimido, ya que conduce a un desinterés envolvente, que va a encaminarse hacia el abandonó del proyecto personal en sus distintos apartados" (Rojas, Enrique, *La conquista de la voluntad*, Buenos Aires [2006] 201-203).

[2] Citado por Fröbes, J., *Compendio de psicología experimental*, Madrid (1949), 355.

excesiva, y otro psicológico, que es sobre todo subjetivo y que no depende de las tareas llevadas a cabo (quizá ha trabajado poco y nada), ni de estar fatigado por dicho afán. Cuando hablamos de una persona asténica, nos referimos a alguien que se levanta sin energía, sin vigor, que está extenuada"[3].

Otras veces el problema radica en la dificultad e incapacidad para tomar una decisión, lo que a menudo responde más al temor de la renuncia que implica toda decisión que a una falta de energía; más adelante tocaré este tema explícitamente.

2) Voluntad engañada

Esta actitud *es más peligrosa* que la anterior, y el peligro radica en la falsedad que envuelve. Es una voluntad que *se miente* sí misma sobre los "medios" que elige para alcanzar un determinado fin. Nuestra voluntad se mueve siempre tendiendo a un fin; puede tratarse del fin último de la vida (que puede ser Dios o algo que ocupa el lugar de Dios: el poder, el placer de la comida o de la bebida, el sexo, la fama, el dinero o cualquier otra cosa), o de fines intermedios, que son realidades que se buscan a su vez por un fin más alto (por ejemplo, quien busca trabajo —fin inmediato— para tener medios económicos con qué sustentar su familia —fin superior); estos fines intermedios son fines-medios (se ordenan como medios respecto de otros fines). Pues bien, la "voluntad engañada", *quiere engañarse* a sí misma convenciéndose de que realmente quiere tal o cual fin (noble y bueno), cuando en verdad

---

[3] Rojas, Enrique, *La conquista de la voluntad*, 203

los medios (o fines intermedios) que elige para alcanzar ese fin *no conducen eficazmente* a tal fin, sino a otra cosa (o no conducen a nada). Así, por ejemplo, el enfermo a quien el médico le ha dicho que *debe* (obligación estricta) dejar de fumar, y quiere convencerse a sí mismo de que cumple la prescripción médica *fumando sólo cuando está muy nervioso*; o quien pretende cortar la adicción a la pornografía limitándose a mirar alguna película subida de tono el fin de semana. La vida cotidiana está plagada de ejemplos de este tipo de voluntad. San Ignacio describe esta clase de personas diciendo que quieren dejar lo que Dios les exige que dejen, pero de tal manera que, a la postre, terminen quedándose con lo que pretendían dejar.

El peligro de este modo de querer consiste en que quien se habitúa a este modo psicológico de razonar y querer vive encerrado en sofismas.

Decimos que *miente sobre los medios*; ¿en qué sentido? En cuanto esta persona quiere convencerse de que esos medios se ordenan al fin que dice haberse propuesto, cuando no es así. Beber *solo una botella* diaria de cerveza quizá no sea un problema para una persona sana, pero no sirve como medio eficaz para salir del alcoholismo, y sin embargo, el alcohólico *quiere creer que es así* y quiere pensar que el único problema es beber más de esa cantidad. Se podrían poner innumerables ejemplos.

Estas personas solo podrán darse cuenta de su engaño si "hacen *hablar a los medios*". ¿Qué quiere decir esto? Significa que deben preguntarse con seriedad y honestidad: "¿Dónde me conduce a mí, enfermo de dependencia alcohólica, el beberme un litro de cerveza cada día? ¿Realmente estoy eliminando de este modo mi problema, o bien lo mantengo, o incluso lo fomento?" Y no debería contentarse con sus propias respuestas sino preguntar a los especialistas para cotejar la *objetividad* de sus razonamientos, apreciando así su sensatez o su desvarío.

Por eso, cuando alguien nos dice: "quiero curarme de tal o cual problema", "quiero alcanzar tal o cual virtud", "quiero desarraigar tal o cual vicio"... debemos preguntarle qué medios está poniendo. Si los medios son realmente eficaces, dice la verdad. Si son ineficaces (o no pone ninguno), debemos hacerle notar que se engaña a sí mismo.

3) Verdadera voluntad

Hay también una voluntad sincera y verdadera: la que quiere un fin y los medios que conducen *efectivamente* a ese fin, aunque sean duros y difíciles. Y los quiere sinceramente y los pone en práctica con prontitud. Esta es la voluntad que exigía Jesucristo antes de sus milagros: *¿Quieres curarte?* (Jn 5, 6); *¿Qué quieres?* (Mc 10, 51); *Si quieres...* (Mt 19, 17.21). Tal voluntad tiene, evidentemente, grados; no es en todos igual, pero hay características fundamentales que se repiten en todos: es perseverante, tenaz, firme (y se robustece cada vez más, a medida que reitera sus actos), supera los fracasos volviendo a comenzar las obras que salen mal (pues, a pesar de que se tenga una voluntad firme, la persona no está exenta de errores, equivocaciones o frustraciones), acepta los retos, se sobrepone a las caídas y es capaz de terminar las obras emprendidas (no las deja a medio camino).

Tratemos de indicar el modo de adquirirla y/o intensificarla.

2.

El sondeo de la voluntad

Uno de los problemas más graves a que nos enfrentamos a menudo es el poco o nulo conocimiento que tenemos de nosotros mismos. Con frecuencia nos topamos con personas que ignoran cuáles son sus verdaderas cualidades, sus defectos y límites, su temperamento y su pasión dominante. Por esta razón debemos comenzar nuestro trabajo intentando conocer *todos* los defectos de nuestra voluntad, puesto que nos proponemos corregirla y fortalecerla. Para esto presentaré, en líneas muy generales, algunos "modos" de voluntad que pueden ayudarnos a identificar las buenas y las malas cualidades de la nuestra[4]:

---

[4] Me inspiro para estas clasificaciones en lo que expone Enrique Rojas en su obra *La conquista de la voluntad*; he cambiado, sin embargo, algunos términos usados por el autor y he introducido conceptos diversos y otras clasificaciones que considero importantes.

1) Algunas clasificaciones

a. Según los alcances del querer

Tenemos los siguientes subtipos:

a) Voluntad inicial: es aquella capaz de romper la inercia y poner en marcha la dinámica del individuo hacia el objetivo que aparece ante él.

b) Voluntad perseverante: es la voluntad capaz de perseverar en la obra comenzada; implica tesón, empeño y firmeza, y se va robusteciendo a medida que esos esfuerzos se repiten. Este tipo de voluntad puede estar en algunos casos ligada a la naturaleza recibida (temperamento) pero generalmente es el fruto adquirido con la educación o la autoeducación; en este último caso exige vencerse e insistir.

c) Voluntad capaz de superar las frustraciones: es la voluntad que no se da por vencida y no se viene abajo cuando las cosas salen de modo distinto a como se ha planeado, o simplemente no salen; hoy se habla mucho de "tolerancia a la frustración", pero lo más importante no es "tolerar" pasivamente sino sobreponerse y continuar con los planes y objetivos propuestos en la vida "a pesar de" los fracasos.

d) Voluntad para concluir bien la tarea comenzada: es la voluntad que no se detiene sino después de terminar lo que ha empezado; implica paciencia y laboriosidad.

b. Según el contenido o móvil de la voluntad

a) Voluntad para alcanzar bienes físicos: es la que aspira a algo ligado a nuestra naturaleza corporal: adelgazar, tener un buen aspecto físico, belleza... Hay muchas personas que para este tipo de cosas tienen "fuerza de voluntad" pero no para otras metas.

b) Voluntad para lograr bienes de salud: la que tiene energía para someterse a las prescripciones médicas indicadas para recuperar la salud corporal, a pesar de implicar esfuerzos y sacrificios grandes.

c) Voluntad para lograr bienes psíquicos: es decir, para modificar los aspectos negativos de nuestra personalidad y para hacerla más equilibrada y madura.

d) Voluntad para socializar: es decir, para comunicarse interpersonalmente, vencer la timidez o la dificultad de expresarse en público, etc.

e) Voluntad para crecer culturalmente: es decir, para progresar en la ciencia y salir de la mediocridad y de la superficialidad. Lo contrario de esto es el contentamiento con lo que ofrece cualquier medio de divulgación, revistas, diarios, radio y especialmente la televisión. La voluntad de crecer culturalmente se manifiesta en el deseo e inquietud por la literatura, las artes plásticas, la música clásica...

f) Voluntad para las realidades espirituales: la que busca los valores naturales y sobrenaturales: las virtudes y los valores morales y la vida espiritual profunda (santidad y oración; es decir, la unión con Dios).

c. Según la actitud del sujeto

Nos referimos al grado e intensidad de la ilusión que se tiene para lanzarse hacia el objetivo propuesto. El individuo con voluntad motivada sabe lo que quiere y pone de su parte lo necesario para ir poco a poco consiguiéndolo. Podemos señalar algunos grados claves:

a) La voluntad muerta o sin motivos para actuar (abulia).

b) La voluntad poco motivada.

c) La voluntad motivada.

d) La voluntad muy motivada.

d. Según la distancia de las metas que se propone

Existen tres tipos de voluntad en este sentido:

a) La voluntad inmediata (a corto plazo, de miras cercanas, de resoluciones rápidas): solo se mueve para objetivos que puedan concretarse de modo inmediato o muy cercano.

b) La voluntad mediata (a mediano plazo): es capaz de moverse poniendo medios para alcanzar objetivos no inmediatos pero tampoco demasiado lejanos (por ejemplo, proyectar una meta a alcanzar en una semana de trabajo, o en uno, dos o tres meses, como ahorrar cierto dinero, estudiar una materia, terminar un trabajo que exija varios pasos, como el que pinta un cuadro respetando una determinada técnica que reclama preparar primero la tela y esperar a que se seque, luego un segundo paso y así sucesivamente).

c) La voluntad a largo plazo: es la capaz de proponerse objetivos lejanos, como un plan de trabajo espiritual o psíquico o cultural a uno o dos años o mucho más tiempo (quizá toda la vida).

e. Según la dirección

Tenemos dos modos:

a) La voluntad exterior o centrífuga, que va de dentro hacia fuera. Es la voluntad capaz de proyectarse fuera de uno mismo, de *imponer* la voluntad, de realizar externamente lo que uno quiere o ha programado. Es la que es capaz de vencer obstáculos externos.

b) La voluntad interior o centrípeta, que va hacia dentro: es la voluntad capaz de *imponerse a uno mismo*, de *transformarse*, de gobernar los propios estados de ánimo y los movimientos y tendencias inferiores, siguiendo principios educativos precisos y también tratando de imitar algún *modelo* con el que uno quiere identificarse.

f. Según su modo de manifestarse

Nos encontramos con los siguientes tipos:

a) Voluntad que tiene un proyecto determinado y completo. Se le opone la que solo se mueve por estímulos superficiales externos, circunstanciales y pasajeros que van cambiando de momento en momento.

b) Voluntad que es capaz de aprobar para sí aquello que reconoce como valioso y decisivo. Esta es la voluntad que puede empujar a una persona a convertir su vida entera si de pronto reconoce que estaba equivocada y que la verdad es muy otra de la que había sostenido hasta ahora.

c) Voluntad reflexiva, es decir, la que es capaz de meditar en las propias experiencias; examina sus propias decisiones diarias y constata si fueron acertadas o no *y en qué fallaron o qué les faltó para ser acertadas*; solo así se forja la experiencia y se corrigen los errores cometidos.

2) Examen general de la voluntad

En base a estas clasificaciones tratemos de responder con la mayor sinceridad las siguientes preguntas para poder formarnos un cuadro acabado de los rasgos buenos y de los defectuosos de nuestra voluntad. Para que este examen pueda arrojar resultados válidos, deberíamos tener en cuenta no solo los últimos episodios de nuestra vida sino un plazo considerable de ella (por ejemplo, mirando los últimos cinco o diez años de vida).

a. Sobre los alcances de nuestra voluntad

a) ¿Cómo es tu voluntad "inicial"? ¿Te mueves fácil o difícilmente a emprender algo? ¿Eres emprendedor? ¿Cuántas (y cuáles) cosas has emprendido en los últimos cinco años?

b) ¿Tienes perseverancia y constancia en las obras que emprendes? ¿Cuántas de las obras emprendidas en los últimos cinco años las has continuado hasta el final? ¿Cuáles has terminado al día de hoy?

c) ¿Cómo reaccionas ante las frustraciones? ¿Te das fácilmente por vencido? ¿Las enfrentas? ¿Cuáles han sido tus principales frustraciones en los últimos cinco años y cómo las has afrontado?

d) ¿Cuál es tu capacidad de terminar las obras comenzadas? ¿Cuántas y cuáles obras emprendidas en los últimos cinco años has terminado de modo perfecto y cuántas y cuáles has dejado a medio camino o sin terminar?

b. Sobre el contenido

¿Por cuáles motivos te mueves habitualmente?

a) Físicos: ¿Te motiva el lucir bien? ¿Ser delgado o más robusto? ¿Tener un cuerpo atractivo? ¿Tener aspecto deportivo?

b) De salud: ¿Te mueve el deseo de luchar por tu salud, para someterte a una dieta estricta, a una medicación estricta? Una vez terminado el tratamiento ¿continúas con el régimen impuesto a tu salud o vuelves al mismo ritmo de comida o de actividad que te habían prohibido anteriormente?

c) Psicológicos: ¿Te mueve el ansiar la armonía del carácter y de la personalidad? ¿Aspiras a alguna cualidad del carácter que te haga mejor de lo que eres?

d) Sociales: ¿Te interesa mejorar la relación con tu prójimo? Si eres tímido ¿aspiras a vencer tu timidez para expresarte, para tratar a los demás? Si eres extrovertido ¿tratas de ser más profundo en tus relaciones evitando la superficialidad o reducir todo a una fugaz simpatía?

e) Culturales: ¿Tienes intereses culturales? ¿Te interesa la lectura y te aplicas a ella? ¿Cuántos y cuáles libros has leído el año pasado? ¿Estudias algún instrumento musical? ¿Qué música te agrada? ¿Qué obra musical clásica es tu favorita? ¿Tienes intereses artísticos? ¿Te gusta la pintura, la historia, la arquitectura...?

f) Espirituales: ¿Tienes intereses espirituales serios? ¿Tienes un proyecto de vida espiritual? ¿Te interesas por la vida espiritual? ¿Tienes director espiritual? Si respondes a esto último de modo positivo: ¿cada cuánto tiempo lo ves?, ¿de qué hablas con él?, ¿en qué has trabajado los últimos años?, ¿con qué resultado?

c. Sobre la actitud volitiva

¿Cuán motivada (ilusionada, apasionada) ha estado tu voluntad en estos últimos años?

a) ¿Nada?

b) ¿Poco?

c) ¿Más o menos?

d) ¿Mucho?

d. Sobre tus metas

a) ¿Cómo es tu modo de planear las cosas? ¿Haces planes a largo plazo o prefieres los planes a mediano plazo o te contentas con emprender obras con miras bien cercanas?

b) ¿Cómo has actuado en los últimos cinco años? ¿Qué planes (por ejemplo, "planes de vida") has hecho? ¿Cómo los has ido verificando o cada cuánto tiempo los has examinado para ver cómo marchaban?

c) ¿Cuál ha sido el resultado?

e. Sobre la dirección de la voluntad

a) ¿Tienes modelos claros a cuya imitación apires sinceramente? ¿Son tus modelos verdaderamente modelos, es decir, te atraen intensamente? ¿Cuáles son esos modelos –o ese modelo– de personalidad?

b) ¿Qué rasgos has imitado de ellos (o de él, si es uno solo) en estos cinco años?

c) ¿Cuál es el rasgo que estás tratando de reproducir en ti en este momento? ¿Es un rasgo de su personalidad, de su aspecto físico (modo de vestir, de hablar, de moverse) o de su espiritualidad (una virtud, un vicio...)?

d) ¿Cuáles rasgos de tu modelo se te han pegado en estos últimos cinco años? ¿Te pareces más a él ahora que hace unos años atrás o no has cambiado en nada?

f. Sobre el modo de exteriorizarse de tu voluntad

¿Cómo se manifiesta tu voluntad?

a) ¿Te mueves con verdaderamente determinación o solo superficialmente? ¿Te ilusionas solo con aquello que produce rápidos estímulos o mantienes tus planes y proyectos cuando el encanto inicial se ha pasado y a pesar de que otras cosas puedan tentarte y atraerte? ¿O abandonas tarde o temprano los planes y proyectos?

b) ¿Te enamoras de las cosas que detectas como verdaderamente valiosas? Al conocer algo como realmente verdadero y meritorio, ¿lo quieres o te deja indiferente o esperas a más adelante para tomar una decisión al respecto?

c) ¿Reflexionas habitualmente sobre tus actos? ¿Examinas tu conciencia diariamente y buscas el motivo de tus fallas, o te contentas con enumerarlos pero sin buscar el "por qué" de tales fallas?

d) ¿Tienes interés por la realidad, verdadera y sana curiosidad (es decir, verdadero deseo de aprender), o curiosidad superficial (de cosas innecesarias y nada importantes)?

3) Examen "histórico" de la voluntad

Necesitamos completar el anterior con un segundo examen más enfocado en los problemas que hayamos experimentado en el pasado en este campo. Responde, pues:

1º ¿Cuáles dificultades has experimentado en la voluntad en el pasado? Algunas de estas pueden ser: falta de motivación, inconstancia, temores, desorden, debilidad, flojera para querer algo o para decidir, pereza, indecisión, apego o dependencia o incluso adicción, compulsiones...

2º ¿En qué campos se manifiestan estos problemas? ¿En todos o solo en algunos específicos? (Hay personas que tienen dificultades para dominar su relación con la bebida o con la comida, pero no son flojos para el trabajo... Otros son inconstantes con el estudio, pero no con sus trabajos manuales... Se puede ser desordenado con las cosas materiales –ropa, dinero...– pero minucioso con el uso del tiempo...)

3º ¿Desde cuándo experimentas esto? ¿Puedes señalar algún acontecimiento a partir del cual comenzaron estas manifestaciones desordenadas de tu voluntad?

4º Tu desorden volitivo, ¿es permanente o está ligado a la aparición de circunstancias bien determinadas (el estar en algún lugar específico, el tratar con ciertas personas...) mientras que no lo experimentas del mismo modo en otros lugares o en ausencia de tales o cuales personas?

3.

La voluntad deficiente: raíces y causas

Con el trabajo sugerido en el capítulo anterior es probable que se hayan detectado varias fallas concretas en nuestra voluntad. En general, estas taras son síntomas de algún vicio volitivo, o también rasgos temperamentalmente negativos no corregidos aun por una buena y eficaz educación[5].

1) Los impedimentos del acto voluntario

Comienzo hablando de lo que suele denominarse "impedimentos" del acto voluntario; se trata de ciertos fenómenos psíquicos que dificultan o impiden que un acto sea

---

[5] Todos los temperamentos tienen aspectos positivos y negativos (como el colérico es una persona enérgica, dinámica y tenaz, pero al mismo tiempo inclinada a arrebatos de ira inesperados o desproporcionados); una educación que aspire a formar un carácter sólido y bien dispuesto aprovecha estos elementos para encauzar y cultivar lo positivo y corregir lo negativo.

plenamente voluntario. Precisamente, para hacer un juicio sobre la integridad de un acto y sobre la responsabilidad de su autor, es necesario tener presentes estos factores.

En primer lugar tenemos la *violencia*. Un acto no es voluntario, y por ende tampoco se tiene responsabilidad del mismo, en la medida en que sea fruto de una coacción extrínseca, contraria a la inclinación de la voluntad. Se habla de violencia como impedimento del acto voluntario, siempre y cuando haya resistencia de parte de la persona violentada y mientras esta no consienta en la acción que padece (nos referimos exclusivamente a los actos externos realizados por la persona violentada, por ejemplo, el que es forzado a ponerse de rodillas delante de un ídolo o que sufre un abuso sexual).

No hay que confundir con la violencia propiamente dicha otro fenómeno semejante que es "obrar *bajo amenaza*". Esto se considera "violencia moral", pero no produce un acto involuntario sino lo que los moralistas llaman un acto "voluntario mixto" o "mezclado" de voluntariedad e involuntariedad (si un juez declara inocente a un criminal por miedo de que le maten sus familiares, su acto es *voluntario mixto*); en este caso la persona tiene sentimientos encontrados (no quiere en abstracto ese acto, pero sí lo quiere en concreto, es decir, aquí y ahora, puesto que es la única manera de evitar el mal que teme); en el fondo este acto es *voluntario* pero *con repugnancia*. Dicho de otra manera, es voluntario; por eso se dice que la amenaza no excusa de pecado cuando se realiza un acto gravemente injusto (no puedo realizar una acción gravemente injusta por miedo de sufrir un mal; pues como dice Sócrates, es mejor sufrir la injusticia que cometerla[6]).

También la *ignorancia* puede causar *a veces* un acto involuntario (pero no siempre). En este punto hay que estar atentos, pues la ignorancia unas veces disminuye la voluntariedad y otras no. Disminuye o incluso anula la voluntariedad de lo que hago la *ignorancia que es causa total del acto*, y que los moralistas llaman *ignorancia antecedente e invencible*; esto es, cuando se obra "por" ignorancia, o sea, cuando alguien realiza una acción únicamente porque ignora que eso es malo o que no debe hacerlo, o desconoce que tiene tales o cuales consecuencias, y siempre y cuando no tenga forma de salir de la ignorancia (por ejemplo, cuando yo, cazando en el bosque mato a un hombre al confundirlo con un animal; en este caso, *no hubiera disparado de saber que era un hombre; es decir, lo hice porque ignoraba la verdadera naturaleza o moralidad de la acción*). Se dice que "no hay forma de salir de la ignorancia" (o sea, que esta es *invencible*) cuando ni siquiera se presentan dudas o sospechas de que tal acción sea mala. En cambio, no anula la voluntariedad del acto la ignorancia *vencible* (cuando se obra con dudas serias y fundadas, o sea, teniendo razones para dudar), o cuando la acción se hubiera hecho igualmente en caso de conocerse lo que se estaba haciendo, lo que se llama *ignorancia concomitante* (por ejemplo, quien confunde

---

[6] Cf. el célebre diálogo con Polo, en el *Górgias*, de Platón:
"SÓCRATES: Cometer una injusticia es el mayor de todos los males (...)
POLO: ¿Preferirías tú sufrir una injusticia a cometerla?
SÓCRATES: No deseo lo uno ni lo otro; pero si fuese forzoso cometerla o sufrirla, yo preferiría sufrirla a cometerla".

a su enemigo con un animal y le dispara pensando que es un animal, pero de todos modos lo habría hecho de saber que era su enemigo); o quien ignora por propia culpa lo que tiene que saber, por ejemplo, el que ignora cosas esenciales de su profesión por haber sido negligente en sus estudios, y, peor aún, el que *quiere ignorar* algo para obrar sin cargos de conciencia (ignorancia que se llama *afectada*, es decir, *querida*).

Otra causa posible de involuntariedad puede provenir de algunos *afectos o pasiones muy intensas*. Decimos "algunos" y no "todos". En efecto, la persona que obra *dominada por la pasión* no tiene señorío de lo que hace, pero esta falta de dominio o responsabilidad solo es realmente involuntaria cuando la pasión ha logrado dominar a la persona sin que esta haya podido impedirlo; por ejemplo, cuando la pasión ha surgido espontáneamente, o la persona no ha tenido éxito en desviarla a pesar de haberlo intentado por todos los medios (por ejemplo, la ira ante la súbita e inesperada aparición de un ladrón o al enterarse de la traición de un amigo). En cambio, no es involuntaria si la persona la ha causado deliberadamente (por ejemplo, el soldado que voluntariamente intenta despertar en sí mismo el coraje antes de entrar en la batalla, o el estudiante que quiere apasionarse con el tema que está investigando, o el que intenta excitarse con pornografía para realizar más intensamente un acto sexual) o si al experimentar su surgimiento no ha hecho nada por atajarla o desviarla.

Un caso particular de pasión es el *miedo*, que puede llegar muchas veces a bloquear a la persona siendo causa de auténticos actos involuntarios, especialmente actos de omisión (como quien, presa del pánico o bajo un shock emotivo, no ayuda a una persona accidentada o a quien se está ahogando). En estos casos se dice que se obró (o se dejó de obrar) "por" miedo. En cambio, hay una situación de miedo en que este no anula la acción sino, todo lo contrario, *manifiesta la intensidad del querer*, y es el de quien obra "con" miedo, o mejor dicho, "a pesar del miedo", como el ladrón que, a pesar del miedo de ser atrapado o de que lo maten, perpetra su robo; en este caso, el hecho de que experimente miedo es signo de un querer muy intenso: está tan decidido a robar que lo hace *a pesar* de tener miedo; quiere robar y quiere vencer su miedo para robar.

De modo especial disminuyen la libertad de la persona los *vicios* contraídos, especialmente cuando un vicio llega a adueñarse de tal modo de la psicología del vicioso que termina por ser una verdadera adicción y esclavitud. En estos casos, sin embargo, hay que tener en cuenta que como la adquisición del hábito vicioso es causada por la repetición de actos libres se cumple aquí lo que se denomina "voluntario en su causa". Es decir, la causa de este hábito ha sido generada libremente; por tanto, los actos que a su vez este vicio origina, pueden considerarse responsables en su causa. Esta voluntariedad solo se corta con una radical retractación del hábito y con la lucha decidida contra el mismo; en caso de que una persona, a pesar de haberse arrepentido del hábito y de luchar contra él, *en alguna ocasión* caiga por la fuerza impetuosa de la costumbre adquirida, debe considerarse como una voluntariedad al menos atenuada.

Por último señalemos como causas atenuantes o derogadoras de la voluntad los *impedimentos psíquicos* (neurosis, psicosis y psicopatías) que influyen de muy distinta manera en el actuar voluntario. La voluntariedad de la persona afectada por algún trastorno psíquico deberá analizarse siempre caso por caso teniendo en cuenta que muchos problemas no impiden totalmente la libertad del enfermo, pero sí la disminuyen, y que a menudo las personas afectadas por alguna patología padecen entorpecimientos en una determinada área de su obrar pero pueden mantener la lucidez y libertad en otras (como ocurre a quienes tienen fobias, escrúpulos...).

Como puede suponerse, la lucha contra estos impedimentos no implica, en la mayoría de los casos, un trabajo de reeducación de la voluntad, puesto que, salvo en el caso del vicio, los obstáculos provienen de fuentes ajenas a la voluntad. En el caso de la violencia se trata de un agente exterior, en el de la ignorancia el problema no es volitivo sino intelectual, en el de los impedimentos psíquicos la causa está ligada en la mayoría de los casos a disfunciones orgánicas, en el del miedo y las otras pasiones al desorden afectivo. De ahí que el trabajo reeducativo se plantee principalmente en torno a las deficiencias que señalaremos a continuación.

2) Algunas deficiencias más propias de la voluntad

Dejando de lado los llamados "impedimentos", prestemos atención a otras alteraciones que dan la impresión de "parasitar" directamente la voluntad, es decir, de echar raíces en ella provocándole debilidad, desorden, lentitud... Precisamente será en torno a ellas que se plantea el principal trabajo educativo.

a. Principales fallas

Comencemos por la *pereza*, que es una especie de repugnancia al trabajo y tendencia a la ociosidad. Se caracteriza por el miedo y la huida del esfuerzo. El perezoso resta gustosamente inactivo; o, si obra, elige su ocupación no guiado por la razón (por el deber de cumplir sus obligaciones) sino según lo que le sugiera el capricho del momento. El perezoso suele acometer la obra con lentitud, la continúa sin vigor, y tiene siempre prisa por terminarla (a veces le entra un apuro "irracional" por concluir pronto lo que está haciendo, incluso realizándolo superficialmente; y esto sin que el deber le urja comenzar otra cosa importante); se frena o demora ante la menor dificultad; sigue la ley del menor esfuerzo; es incapaz de un trabajo esmerado, metódico y profundo. Esta tendencia puede manifestarse en todos los dominios: físico, intelectual, moral y religioso. Se relaciona con el temor y la sensualidad. Con el *temor* porque, como la definía Cicerón, es un "temor de la fatiga"[7]; San Juan Damasceno la enumera, con el

---

[7] Cf. Cicerón, *Tusculan.*, l. IV, c. VIII, n.12.

nombre de *segnities* (lentitud, flojedad, pereza, apatía), entre las especies del temor[8]; y Santo Tomás la define como "fuga del obrar por el temor del mucho trabajo"[9]. También tiene que ver con la *sensualidad*, porque el perezoso se deja llevar por un amor exagerado a la comodidad y al reposo, es decir, por el placer (que él prefiere al deber). García Hoz decía: "estamos ante uno de los vicios que con capa de necesidad encubre la superfluidad"[10].

En relación con la pereza hemos de mencionar la *acedia*, que es la pereza propia de las realidades y actividades espirituales, o mejor todavía: "la tristeza o desazón del bien espiritual"; es una especie de renuncia en la búsqueda de los bienes espirituales (el conocimiento, la ciencia, la virtud, la oración...) por el desaliento causado por el esfuerzo que estos demandan. Este modo de pereza hace que la persona huya de la oración, del estudio, del recogimiento, de la reflexión, y se sumerja en el activismo, en la verborragia, en la indiscreción y en la divagación por las cosas prohibidas. Como pecado capital[11], engendra numerosos vicios, entre los cuales mencionamos: ociosidad, somnolencia, indiscreción de la mente, desasosiego del cuerpo, inestabilidad, vagabundeo, tedio del corazón, murmuración, verbosidad y curiosidad.

---

[8] Cf. San Juan Damasceno, De fide ortodoxa, l. II, c. XV; PG, 94, 931.
[9] Santo Tomás, *Suma Teológica*, I-II, 41, 4.
[10] García Hoz, Víctor, *Pedagogía de la lucha ascética*, Madrid (1946), 182.
[11] Se llama pecado capital al que es causa de muchos otros pecados, lo que puede suceder de distintos modos que no viene al caso explicar aquí (cf. este tema en Santo Tomás de Aquino, *De malo*, 11,4).

Más grave es la *tibieza espiritual* y la *mediocridad* que es una suerte de relajamiento espiritual, fruto, a menudo, de no haber combatido enérgicamente la acedia. Es una flojedad de espíritu profundamente arraigada en el alma que neutraliza la dinámica de la voluntad en su tensión hacia la santidad, volviéndola lánguida, sin ilusión, resignada a su lamentable condición, y fácil para aceptar el estado habitual de pecado venial (antesala del pecado mortal). La persona dominada por la tibieza experimenta horror a estar dentro de sí misma, huye el sacrificio y la mortificación, actúa sin reflexión, siguiendo sus gustos, dando preferencia a la vanidad, a la sensualidad y al amor propio. Para que hablemos de tibieza en sentido propio, estas notas tienen que darse en el alma en estado crónico además de la aceptación habitual del pecado venial deliberado.

El tibio se vuelve mediocre porque deja de comprender la renuncia evangélica y no tiene en el horizonte la pretensión de conseguirla; este estado representa una renuncia a la santidad y la ausencia de penetración de los principios sobrenaturales de la fe.

No menor perjuicio causa a la voluntad la *inestabilidad afectiva*, o sea la injustificada, frecuente y desmedida variación de estados de ánimo. Si bien estos cambios afectan principalmente la base emotiva (es decir, sensible) de la persona, suelen producirse por la renuncia de la voluntad a ejercer su acción dominadora sobre la sensibilidad (el gobierno volitivo que, si bien limitado y no absoluto, es gobierno al fin y al cabo). Las personas inestables pasan con mucha facilidad, y a menudo por niñerías, del contento al desaliento y viceversa. Por eso suelen ser impredecibles. Uno de los aspectos más llamativos en los inestables es la fuerza que ejerce sobre ellos el *capricho*, que es la fuente última de sus decisiones[12].

Aunque esté a caballo entre la afectividad y la esfera volitiva mencionemos también la *tristeza*, la *melancolía* y ciertas *manifestaciones depresivas*. Las relaciono con la voluntad en la medida en que producen efectos sobre esta (parálisis, desmotivación, apatía, abulia, pérdida de sentido de la vida), sin ignorar que en algunos casos constituyen verdaderos estados patológicos que, incluso, pueden exigir medicación y tratamientos profesionales. Al

---

[12] Así describe Enrique Rojas la personalidad caprichosa: "Su perfil es el siguiente: *no está dispuesto a renunciar a los deseos inmediatos, no tiene hábito para los esfuerzos concretos y frecuentes, lo quiere todo en el momento... No sabe negarse nada* (…) Hay una mudanza constante. ¿Por qué? Por dos motivos: uno, porque no se sabe bien lo que se quiere, y otro, porque no se está educado en el valor de la renuncia, ya que demasiadas veces se ha dicho que sí a todo lo que pide paso y apetece. El sujeto caprichoso es inmaduro, débil y posee una base deficitaria para cualquier trabajo serio que signifique fortaleza para poder vencer la resistencia de su desidia, apatía y dejadez (…) Quien tiene una voluntad frágil no decide por sí mismo, sino que hay algo o alguien que decide por él. Y esto tiene traducciones concretas a lo largo de la vida cotidiana: una persona se ha acostumbrado a comer sin restricciones y raramente prescinde de algo, porque le cuesta, e incluso le produce tristeza cuando no sucede como quiere; el estudiante poco avezado en hacer planes de estudio no acaba de sentarse en la mesa de trabajo delante de los libros, hace cualquier cosa, menos eso; a quien tiene mal carácter y quiere llevar siempre la razón, le cuesta mucho que le corrijan y no admite la menor injerencia en su conducta. Estos ejemplos son botones de muestra de lo que irá siendo poco a poco una persona caprichosa. A fuerza de decir a todo que sí y de permitírselo todo, una persona se va transformando en alguien sin sujeción a las normas o reglas; es alguien arbitrario, inconstante en sus objetivos, sin propósitos claros ni firmes. Vive a su antojo, con un ansia de cosas cambiantes y rotatorias, presididas por una curiosidad sin fundamento (…) Camina hacia la constitución de una personalidad muy *sui generis*: frívola, superficial, variable en sus gustos y orientaciones, que se parece al niño mimado, consentido, malcriado, voluble, echado a perder para cualquier empresa humana de cierta envergadura. Una persona realmente de poco valor, que casi todo lo que emprenda irá mal, si no es capaz de corregirse y aprender con sus fracasos" (Rojas, E. *La conquista de la voluntad*, 207-210).

atribuir a la voluntad cierta responsabilidad sobre estos problemas, mayor o menor según los casos, sólo queremos resaltar que esta facultad puede contribuir (en algunos casos) a impedir la caída en estos estados, o el agravamiento de los mismos y más aún, es capaz, si se lo propone, de salir del pozo una vez que se ha precipitado en él (o al menos puede intentarlo). Por eso, hay personas que se vuelven depresivas —o no salen de esta enfermedad— porque realmente no se animan a luchar; de ahí que, en la medida en que sea responsable de su abandono, podemos considerarla parte culpable de la situación.

También debemos añadir a esta lista los problemas de *insana dependencia*. Las personas con baja autoestima, las inseguras y las débiles tienden a forjarse una voluntad dependiente. Dejemos en claro que no toda dependencia es mala ni toda independencia buena. Por ejemplo, reconocernos dependientes de Dios es aceptar nuestra condición de creaturas y por tanto, esencial a nuestro equilibrio; pretender independizarnos de Dios y de su ley, es sencillamente suicidarnos, análogamente a quien, pretendiendo una aparente libertad, corta la rama que lo sostiene; la libertad no es una caída libre al abismo. No es mala tampoco la dependencia que se establece por el voto de obediencia de la persona religiosa; esta somete libremente su voluntad al mandato de un superior, pero *sin renunciar a su conciencia* que es el límite de toda obediencia humana: el religioso decide inmolar su voluntad sometiéndola al querer de un superior, en todo lo que sea bueno o indiferente; jamás se extiende su obediencia al pecado, por más leve que este sea; este límite pone a las claras que obediencia no es automatismo ni renuncia a la propia dignidad; todo lo contrario[13]. Algo análogo se diga de quienes se atan por los vínculos indisolubles del matrimonio.

Hay, pues, una dependencia sana y también una independencia que es parte de la madurez personal (lo que no se contrapone a lo que acabamos de decir, porque solo una persona independiente o libre es capaz de darse totalmente en un voto perpetuo como hace el religioso que promete obediencia a un superior o la persona que contrae matrimonio): esta independencia necesaria es el carecer de esclavitudes degradantes. Tales dependencias pueden darse respecto de *personas* (sometimiento a alguna persona en cuya aprobación se hace estribar la seguridad, tranquilidad y alegría, y de cuya desaprobación se hace pender su amargura y ansiedad; así ocurre con las personas sujetas a líderes sectarios, por ejemplo; el caso más serio es el que la psicología llama *codependencia*[14]), o bien

---

[13] "La obediencia, y sólo la santa obediencia, nos manifiesta con certeza la voluntad de Dios. Los superiores pueden equivocarse, pero nosotros obedeciendo no nos equivocamos nunca. Se da una excepción: cuando el superior manda algo que, con toda claridad y sin ninguna duda, es pecado, aunque éste sea insignificante; porque, en este caso, el superior no sería el representante de Dios" (Massimiliano Kolbe, *Gli scritti di Massimiliano Kolbe eroe di Oswiecim e beato della Chiesa*, vol. I, Florencia (1975), 44-46).

[14] La codependencia es una enfermedad que se caracteriza por la falta de identidad propia. Es la relación morbosa que una dependencia o adicción causa en la o las persona(s) que rodean al adicto; los codependientes pierden su propia identidad, pasando a depender de los puntos de vista y juicios del adicto o enfermo. El ejemplo más conocido es el de la esposa del alcohólico (lo que también puede valer para los hijos), que comienza por tratar de convivir con el problema de su marido excusando su conducta, disculpando sus actos, e incluso justificándolo de algún modo ("no lo entienden", "es débil", "tiene muchos problemas", etc.), y termina viendo las cosas del mismo modo que las ve él y negando la realidad del problema. Ocurre otro tanto en el caso de las esposas de hombres golpeadores, que incluso contradicen a quienes les hacen notar que algo

respecto de *ideas* (por ejemplo, la dependencia del "qué dirán", de las modas y de las conductas de la masa, como ocurre en los que se dejan manipular por la opinión pública, por la propaganda o por lo que piensa la *mayoría*), o bien de *situaciones anímicas* (como ocurre con los que *necesitan* sentirse bien –por tanto, *necesitan evitar el sufrimiento*– a cualquier costo, generando, por lo general, dependencias de drogas, del alcohol o de comportamientos sexuales desordenados...).

La persona con voluntad dependiente se reconoce a menudo por su enorme dificultad para tomar decisiones cotidianas si no cuenta con la reafirmación de los demás, o por la necesidad de que otros asuman la responsabilidad en las principales esferas de su vida, o porque tienen grandes dificultades para expresar su desacuerdo incluso en graves cuestiones de conciencia por temor a perder el apoyo o la aprobación de otros, o porque tienen dificultades para iniciar proyectos propios a pesar de ser buenos y quizá a pesar de haber sido incentivados a hacerlo, o se sienten desamparados o incómodos cuando están solos... Uno de los fenómenos relacionados con este déficit afectivo y volitivo es el

---

anda mal (así excusan, por ejemplo, los moretones y heridas que aparecen, cada vez con más frecuencia, en su cuerpo, atribuyéndolos a accidentes sufridos casualmente). Los codependientes terminan por involucrarse de tal manera en la enfermedad del adicto, que llegan a adquirir conductas y cualidades semejantes a las del enfermo principal. Su relación con el adicto es una relación adictiva que los lleva a tolerar cualquier cosa con tal de evitar una ruptura (de la amistad, de la convivencia, del noviazgo, etc.). La codependencia no es verdadero amor. El querer verdadero, por más que sea intenso, no puede ser adictivo ni coadictivo ni codependiente. El amor, mientras más intenso y profundo, más personaliza y perfecciona. Pero cuando el amor se vive de modo tormentoso u obsesivo, ya no estamos ante un verdadero amor, sino ante un afecto que tiene similitud externa con el amor.

llamado "*síndrome de Peter Pan*"[15] o negativa a madurar y crecer, aferrándose a los propios padres y a la casa paterna de la que no se van a pesar de ser adultos económicamente autónomos (hoy en día es un fenómeno creciente el de los *treintones* y *cuarentones* que siguen viviendo no solo "con" sus padres sino "de" sus padres).

Los arriba mencionados son vicios de alguna manera "deprimentes" de la voluntad; quizá los que más interesan a quien plantea la necesidad de educar esta facultad, porque el término "educar" es visto, con frecuencia, como sinónimo de capacitar y potenciar y sacar de la pasividad. Pero indudablemente es esta una visión incompleta. La voluntad puede estar también deformada por la actitud contraria: por una energía desbocada, por un amor desordenado por su objeto, y por tanto puede exigir una gran fuerza para controlarla y ponerla en sus justos términos. Es lo que ocurre con la *soberbia* y el *amor propio*. La soberbia implica una perversa autoafirmación de la voluntad. El psiquiatra italiano Giuseppe Vattuone sostenía que el origen de la soberbia debe buscarse en su contrario, en el temor de la inferioridad: la persona que se considera *injustamente inferior*, es decir, por un error de su conciencia que ignora su verdadera grandeza que radica en ser imagen de Dios y por tanto abierta infinitamente a Dios (el hombre es "capaz de Dios" y "capaz de la gracia"); al dejar de reconocer esta verdad esencial a nuestra identidad como creaturas de Dios, el hombre se forja una conciencia esclava, envileciéndose a sí mismo; ante lo cual, a la larga al menos, suele reaccionar

---

[15] Polaino-Lorente, Aquilino, *¿Síndrome de Peter Pan?*, Bilbao (1999).

compensativamente engrandeciéndose de modo anómalo, al modo del maníaco mental o del soberbio espiritual. La soberbia es, por eso, una máscara de grandeza y de rebelión de quien, en el fondo, teme ser inferior, y por eso necesita un disfraz grandilocuente. Es más fácil y cómodo creerse Dios que edificar la verdadera grandeza reconociendo que no somos Dios sino que hemos sido hechos a su imagen y semejanza y que, por tanto, debemos construir nuestra grandeza en la imitación de Dios y el sometimiento filial a sus planes[16].

La soberbia es una verdadera alteración de la voluntad que la tradición espiritual de Occidente ha definido como una avidez de la propia excelencia; está en la raíz de todos los pecados (cf. Si 10,15), y "es la primera y la postrera en las batallas y conflictos" espirituales, como afirmaba fray Juan de los Ángeles. Asume muchas modalidades: puede ser carnal o espiritual según los bienes en los que haga basar la propia grandeza; puede manifestarse como vanagloria, vanidad, amor propio, afán de dominio, falsa independencia (de Dios, por ejemplo, o de su ley). Puede ser un vicio puramente espiritual, o penetrar más hondamente en el psiquismo como una perturbación patológica, como en el narcisismo y la personalidad narcisista[17].

---

[16] Cf. Vattuone, G., *Libero pensiero e servo arbitrio,* Napoli (1994).
[17] "Los narcisistas giran sobre sí mismos pidiendo de los demás aplausos y gratificaciones verbales, siempre preocupados por causar un fuerte impacto positivo en la gente que los rodea y, a la vez, reclamando elogios, admiración y reconocimiento de su valía. No obstante, resulta más importante lo que ellos piensan sobre su propia excelencia que lo que opinan los demás. El patrón de conducta se vertebra sobre la impresión de grandeza suprema de su persona y la necesidad de reconocimiento por parte de la gente del entorno. Hay en él

Educar la voluntad, en estos casos, significa alcanzar en grado eminente la virtud de la humildad, *rectificadora* de la voluntad inclinada a la soberbia, esencial para el equilibrio de la persona[18].

Aunque no sea tan frecuente como los defectos que venimos señalando, también indiquemos entre los desórdenes, la equivocada identificación del sano ascetismo con lo que debería considerarse más bien una patológica hipertensión de la voluntad. El cultivo de la voluntad debe ser el resultado del desarrollo armónico y progresivo de todas las facultades (voluntad, inteligencia, sensibilidad y afectividad). Nunca puede reducirse a una inflación de la voluntad a costa de la vida afectiva y/o intelectual de la persona. El exceso del esfuerzo ascético, mal entendido como una persistente y obsesiva lucha contra la propia sensibilidad y afectividad, como una universalizada mortificación del cuerpo y de los afectos, suele dar por resultado, primero, una personalidad esclerotizada y amarga, y, a la postre, una voluntad agotada y neurótica[19]. No es extraño observar que tales desaciertos educativos –hoy, por otra parte, no tan frecuentes, puesto que asistimos, más bien, al error contrario, que destierra de la educación todo ascetismo y esfuerzo– conducen, como consecuencia compensatoria, a desenfrenos afectivos y sexuales (toda olla a presión tiende a explotar por la parte más débil, y la afectividad es, indudablemente, nuestra faceta más frágil).

---

presunción, engreimiento, soberbia descomunal y fatua, jactancia y petulancia" (Enrique Rojas, *¿Quién eres?*, Buenos Aires (2006), 255-256).

[18] Cf. Fuentes, M., *Naturaleza y educación de la humildad*, San Rafael (2010), 51-72.

[19] Cf. Biot-Gallimard, *Guía médica de las vocaciones sacerdotales y religiosas*, Buenos Aires (1948), 144-146.

b. Las posibles causas

Hablando más bien de los problemas "aplastantes" de la voluntad, decía Lersh: "En todos los casos en que comprobamos un fracaso de la voluntad..., no debemos conformarnos con hablar de debilidad volitiva, de abulia o de falta de voluntad, sino que hay que determinar el punto de perturbación en el sistema de la personalidad, al cual ha de hacerse responsable de la deficiencia de la voluntad"[20].

Estas palabras nos abren un verdadero abanico de direcciones en donde buscar las causas de los problemas volitivos. Estas pueden deberse a distintas fuentes, y la solución que pretendamos buscar tiene que estar en consonancia con su verdadero fondo. Siguiendo a Lersh podemos indicar que el (o los) problema(s) volitivo(s) pueden provenir:

---

[20] Lersh, Philipp, *La estructura de la personalidad*, Barcelona (1974), 478. El texto completo dice: "En todos los casos en que comprobamos un fracaso de la voluntad..., no debemos conformarnos con hablar de debilidad volitiva, de abulia o de falta de voluntad, sino que hay que determinar el punto de perturbación en el sistema de la personalidad, al cual ha de hacerse responsable de la deficiencia de la voluntad. Así ocurre que en un individuo en el que no se realizan actos volitivos o que en ese proceso se halla perturbado, existen para ello diferentes raíces. Puede depender de una falta de capacidad de decisión o de independencia de los fines, de una debilidad de la fuerza de voluntad que se manifiesta en las direcciones externa o interna, o en ambas, o de una falta de capacidad de esfuerzo o de una deficiencia de la técnica de la voluntad. Finalmente hemos de señalar que siempre se encuentra un déficit del proceso volitivo cuando a un individuo le faltan impulsos; pues si estos no llegan del fondo endotímico la voluntad no tiene ocasión de desarrollarse. La falta de impulsos se manifiesta, pues, también en la vida volitiva de un hombre como déficit de la actividad gobernada por la voluntad; pero no es primariamente un defecto de esta, sino de la disposición tendencial del hombre"

1º De una falta de capacidad para tomar decisiones, es decir, para decidirse por un fin o una meta determinada. (Vamos a examinar este punto en el capítulo X).

2º De la falta de valoración o fuerza atractiva (Lersh dice "independencia") de los fines; es decir, de no poder llegar a comprender el valor y el carácter necesario de ciertos valores; razón por la cual no llegan a mover eficazmente la voluntad. Algunos no fallan en identificar una meta, sino que esta no les resulta suficientemente atractiva como para seducirlos. Suele ocurrir así, entre otros, a quienes padecen sentimientos de inferioridad y a quienes tienen carácter de subalternos (de dependientes): estos se mueven si otros los mandan, pero ellos no tienen iniciativa propia porque las metas que tienen delante no son amadas suficientemente como para ponerlos en marcha a menos que alguien los mande[21]. (Tocaremos el tema en el capítulo IV).

3º De una debilidad de la fuerza de voluntad en su dirección interna: es decir en su función organizadora del mundo interior de los sentimientos, instintos, tendencias, deseos y pasiones[22]. Así sucede al caprichoso que deja que sus estados de ánimo dirijan su conducta aunque vea esto como improcedente; o a quienes

---

[21] Distingo entre la persona que se somete dócilmente por humildad o verdadera obediencia, la cual tiene un alto, realista y justo sentido de la jerarquía, del orden y del bien común, y, por otra parte, la persona que tiene "carácter servil o gregario", que se somete no llevado por la razón o por la fe, sino por debilidad de carácter. Lo primero es virtuoso; lo último es un vicio.

[22] Lersh llama a esta esfera "fondo endotímico"; es nuestra realidad emocional-afectiva, y está integrada por los estados de ánimo, sentimientos, emociones, afectos, instintos y tendencias.

carecen de fuerza suficiente para mantener los propósitos (quizá de abstinencia o ayuno) cuando aprietan sensaciones corporales desagradables como el hambre, la sed, o apetencias de goce sexual o de estimulantes (alcohol, nicotina...). "El dominio y el vencimiento, sobre todo del dolor corporal, son tareas de la voluntad en su dirección interna". En este sentido "se comprende, dice Lersh, que la coacción educativa a la renuncia de los goces y a soportar las fatigas corporales constituye una eficaz medida en el entrenamiento de la voluntad y lleva a formas positivas de la dirección interna de la voluntad que llamamos serenidad, autodisciplina, vencimiento y dominio de sí mismo, rigor para consigo mismo y autoeducación"[23]. (Será el tema de los capítulos V y VI).

También la firmeza de la decisión depende de esta función directiva interior de la voluntad; esta firmeza es una actitud definitiva e irrevocable, una capacidad de resolución. Cuando falta, la persona recae en un inacabable proceso de elección, como es propio del irresoluto y del indeciso. (Lo trataremos en el capítulo X).

Dentro de este tipo de problemas podemos ubicar a las personas emotivas, las impulsivas, los regidos por sus apetitos y pasiones; también los pasivos, indolentes, abandonados y negligentes, o sus contrarios: los incontrolados, impulsivos e irreprimidos. Su signo característico no son las alteraciones del humor, sentimientos y emociones, sino la voluntad que no ejerce

---

[23] Ibídem, 472.

una acción organizadora y reguladora frente a estas vivencias emotivas.

4° De una falta de fuerza de voluntad hacia el exterior. La voluntad tiene que enfrentar también las dificultades y obstáculos que se interponen a la meta propuesta; su tarea es vencer estas resistencias. La fuerza volitiva "hacia el exterior" no es otra cosa que la concentración y organización de la energía psicosomática para enfrentar y resolver estos inconvenientes externos. Cuando la voluntad actúa adecuadamente nos encontramos con personas cuya tensión volitiva aumenta con las dificultades (parecen regirse por el lema: "ahora más que nunca" o "ahora con mayor razón quiero alcanzar lo que me propongo"); y en el extremo opuesto están los resignados, deprimidos o indiferentes, los que se achican ante las dificultades. Entre unos y otros hay una gama muy amplia de personas. Sin embargo, las personas que se desaniman o desmoralizan fácilmente cuando surgen dificultades externas, no necesariamente tienen problemas volitivos para gobernarse interiormente como las mencionadas en el punto anterior. (Consideraremos esto en los capítulos V-VII).

5° Puede provenir también de una conjunta insuficiencia volitiva de los dos planos antedichos; o sea, incapacidad para gobernarse interiormente y para enfrentar las dificultades externas que toda meta propuesta conlleva.

6° De una cierta incapacidad de esfuerzo. Todo proceso volitivo (tanto hacia afuera como hacia adentro) está ligado a tensiones corporales musculares, que percibimos como "esfuerzo". A algunos este esfuerzo –como decimos vulgarmente: el tener que *transpirar* para lograr una meta exigente– les produce alegría y a otros malestar y temor; incluso entre quienes lo experimentan como un malestar tenemos algunos que consideran tal molestia como un precio que vale la pena pagar por el logro de la meta apetecida, y *quienes lo consideran un motivo para renunciar al acto volitivo*. Tenemos así, entre los que sufren este tipo de problemas volitivos, los que *no quieren molestarse* en hacer algo que les exija trabajo: los cómodos, los perezosos y los hedonistas. (Será el tema de los capítulos VIII, IX y XI).

7° De una deficiencia de la técnica de la voluntad. Por "técnica de la voluntad" designa Lersh las diferentes formas en que puede aparecer la tensión en la voluntad. Hay personas que para realizar algún acto volitivo se *tensionan exageradamente*, forzándose hasta el espasmo. En este caso la acción de la voluntad resulta "antieconómica" de las energías, razón por la cual se agotan con actos que objetivamente no demandan tanto esfuerzo como el que ellos hacen. Nuestro autor los compara con las personas que mientras aprenden a andar en bicicleta se aferran al manubrio con las manos agarrotadas y los músculos de los brazos en total tensión, de tal manera que les resulta difícil mantener el equilibrio y se cansan de pedalear después de pocos metros. En tal situación hay un uso desequilibrado de las fuerzas. Lo mismo ocurre con los que se tensionan para realizar algunos actos volitivos, especialmente al tener que rechazar tentaciones, desgastando así sus energías y quedando en cierto modo agotados para nuevos actos que les van resultando cada vez más difíciles, tensos y angustiantes. (Al respecto será útil lo que diremos en el capítulo VII).

8º De una falta de impulsos del fondo emocional-afectivo que impide que la voluntad tenga ocasión de desarrollarse. Es un problema más físico que volitivo. La falta de impulsos se manifiesta, así, en la vida volitiva de un hombre como déficit de la actividad gobernada por la voluntad; pero no es primariamente un defecto de esta, sino de la disposición tendencial del hombre. En estos casos, el trabajo pertenece más al psiquiatra y al médico clínico que al psicólogo o al director espiritual.

9º A estas causas, todas sustancialmente en el texto de Lersh, podemos añadir una más que encontramos con cierta frecuencia: el "espíritu de complicación". Es muy difícil que alguno de nosotros no se haya topado con personas que parecen tener una particular inclinación a *complicarse* la vida, especialmente en el plano de las "razones" y "búsqueda de medios" para tomar decisiones. Este tipo de individuos, todo cuanto pueden hacer fácilmente, lo hacen de modo difícil; lo que pueden transitar rectamente, lo hacen dando inútiles rodeos, se enredan donde no hay por qué enredarse... El refranero popular le dedica varios aforismos que pretenden reflejar ese afán de intrincación: "le buscan la quinta pata al gato", "buscan el pelo al huevo", "tiene más vueltas que un rulo", etc.; la idea es siempre la misma: "buscan complicaciones a un asunto que de por sí no las tiene". Resultado de esta actitud es la ralentización y entorpecimiento del obrar (como si se caminase dentro de un cerrado cañaveral), el dejar las obras inconclusas (al tornarse demasiado embrolladas) o incluso la indecisión y el no llegar siquiera a decidir si obrar o no, o qué cosa concreta hacer.

Las distintas soluciones a estos problemas las veremos en los próximos apartados.

4.

Trabajo sobre los motivos de la voluntad

Ha escrito Viktor Frankl: "Sucede a menudo que el psicoterapeuta, el 'médico del alma', le expone a su paciente, al enfermo mental, lo que tiene que hacer, cómo debe comportarse, pero el enfermo le explica al terapeuta que no puede hacerlo, que es imposible, que no tiene la fuerza necesaria para esto o aquello, en una palabra, que tiene una voluntad débil. ¿Existe realmente la debilidad o la firmeza de voluntad? ¿O hablar de ellas es una simple disculpa? Se suele decir que donde hay voluntad hay también un camino. Yo quisiera modificar esta frase, y me atrevería a afirmar que *donde hay un objetivo, allí hay también una voluntad*. En otras palabras, quien tiene bien claro un objetivo y aspira de verdad a alcanzarlo, nunca se quejará de que carece de fuerza de voluntad"[24].

Una de las raíces de los problemas volitivos se encuentra en la inteligencia. Porque si bien sabemos que la voluntad y la inteligencia se influyen mutuamente y no se conoce si no se quiere (influencia motora de la voluntad sobre todas las potencias, *incluida la inteligencia*: conozco porque quiero conocer[25]) es indudable que la voluntad no ama lo que no se valora. Y no digo "lo que no se conoce" sino "lo que no se valora", puesto que no es suficiente conocer algo como bueno para que nos enamoremos de ello y tenga fuerza para mover la voluntad, sino que debe ser captado como *bueno para mí*, es decir, *conveniente*: "el objeto que mueve la voluntad es el bien conocido como conveniente; de donde se sigue que si se propone algún bien conocido como bueno, pero no como conveniente, no moverá la voluntad"[26]. "Conveniente" es más que "bueno"; "bueno" significa que es capaz de atraer la voluntad; pero "conveniente" implica que de hecho me atrae a mí, que lo veo ventajoso, útil, adecuado, oportuno y hasta *necesario e impostergable*. El muchacho que está por

---

[24] Frankl, Viktor, *La psicoterapia al alcance de todos*, Barcelona (1990), 138. Puesto que acabamos de usar esta expresión tan común pero confusa –"fuerza de voluntad"– valga la valiosa aclaración de Lersh: en relación con la voluntad solo cabe usar la expresión *fuerza* respecto de las energías corporales y de los instintos; la voluntad, en cambio, puede ser mejor comparada con una lente a través de la cual los rayos dispersos de la luz del sol son recogidos y dirigidos a un punto con un gran aumento de su fuerza de ignición; tampoco la lente es una fuerza sino un aparato que actúa según su forma, por la cual las fuerzas quedan organizadas; sería, pues más exacto hablar de "capacidad de la voluntad" o de "posibilidad de disponer de la voluntad". Debemos, pues, entender la expresión análogamente.
[25] Lo explica detalladamente Santo Tomás en *De malo*, q. 6.
[26] Santo Tomás, *De malo*, q. 6.

casarse puede reconocer que el sacerdocio es algo muy bueno, pero no lo ve congruente para él; y el que está por ser ordenado sacerdote no rechaza el matrimonio como malo sino que lo juzga bueno *para otros*; pero no lo quiere para sí, porque no lo ve conveniente. Esta es la razón por la que reconociendo tantos bienes en las cosas que nos proponemos hacer, nos quedamos tiesos y apáticos; el amor es más que una consideración abstracta del bien.

Algunas personas tienen problemas en la voluntad (sea para comenzar a querer o para perseverar en el querer), no por problemas de debilidad propiamente volitiva, sino porque no *tienen razones* para amar lo que deben o lo que se proponen hacer. Esto que parece tan simple, es, sin embargo, un problema que muchos no resuelven. A estas personas les falta "profundidad de la vivencia de los valores... Les falta fantasía para proponerse fines, visión para las metas posibles, productividad en la configuración de la vida. En la medida en que llegan a realizar actos de voluntad necesitan que los demás les propongan las metas"[27]. Es por esta razón que en esta vida terrena no existen amores confirmados definitivamente. El enamoramiento de una persona o de una causa, es una tarea continua. Quien sintiéndose profundamente enamorado, creyese que su amor es eterno e irreversible, está condenado a perderlo o a desencantarse. "El amor está siempre naciendo", dice Pascal. El amor-sentimiento (es decir, la atracción sensible) es espontánea; pero el amor-

---

[27] Lersh, Philipp, *La estructura de la personalidad*, 469.

volitivo (espiritual) es principalmente fruto del trabajo del amante por enamorarse día a día del amado. "Donde no hay amor, pon amor y encontrarás amor", escribió san Juan de la Cruz.

Por tanto hay que trabajar en aquellos motivos que pueden hacer apetecible lo que nos proponemos realizar. Estos motivos son de dos órdenes, racionales y afectivos, y hay que bregar en ambos órdenes para cargar de motivación las realidades que queremos amar.

1) El primer orden es el racional

Debemos comenzar por los motivos racionales. Siendo seres racionales debemos ver si las dificultades de nuestro querer no proceden de la insuficiencia o pobreza de los motivos intelectuales que deben bañar de luz la voluntad. Es insuficiente para mover la voluntad todo proyecto que carezca de verdaderas razones para ser realizado; asimismo todo proyecto cuyas motivaciones no sean suficientemente claras o, por el contrario, sean demasiado difusas, o carezcan de razones personalizadas (es decir, que no se vea claro por qué esto *me conviene a mí*, o por qué lo tengo que hacer aquí y ahora). Por lo tanto, en orden a que un fin sea capaz de mover nuestra voluntad es necesario que trabajemos intelectualmente sobre el mismo intentando que sea percibido como...

a) Un bien *objetivo y verdadero*, es decir, como un auténtico bien: honesto, digno de ser buscado, necesario. Tales son los bienes que realmente necesitamos en esta vida y los bienes eternos.

b) *Posible*, es decir: que lo percibamos como *posible de ser alcanzado*, ya sea con nuestras propias fuerzas o con ayuda de otros (al menos con la de Dios).

c) Lo más *concreto* y *claro* posible: ¿qué es exactamente lo que quiero? La voluntad no se mueve hacia lo genérico o confuso, hacia un "concepto abstracto". Aunque suenen parecidos no mueve igual a un joven el deseo de "ser misionero" como el deseo de *ser misionero al estilo de tal o cual misionero* a quien ha conocido y venerado; el deseo de imitación de modelos concretos (un *ideal encarnado*) siempre es más fuerte que una idea desencarnada.

d) *Conveniente* para mí; ya lo hemos dicho: que veamos que esto no solo es bueno sino que me conviene a mí, que es lo mejor para mí, que es el camino que a mí me cuadra por mi modo de ser, por mis aspiraciones concretas; o bien que es lo que aquí y ahora realmente me llevará a plenitud y desenvolverá totalmente mis capacidades. No debemos, sin embargo, reducir estas "conveniencias" a un nivel puramente sensible o pragmático. Hay realidades que nos convienen en grado máximo aunque ni nos agraden sensiblemente ni produzcan gratificación alguna, como sucede, por ejemplo, con la medicina amarga, con el tratamiento doloroso o con la humillación merecida. Cuando decimos que debe juzgarse como conveniente o ventajoso a mi persona, debemos entender que nos referimos a la persona considerada íntegramente, no solo en sus rasgos más individuales (gustos, educación, inclinaciones, cultura) sino también en los sociales (oficio, deberes de estado asumidos, obligaciones contraídas) y en los espirituales y trascendentes (su vocación eterna, su responsabilidad ante Dios, su misión en este mundo, la salvación de su alma). En este sentido, por ejemplo, la fidelidad a un cónyuge que ya no atrae física o afectivamente y con quien quizá no se comparte ni gustos ni proyectos, continúa siendo lo que más conviene a un casado, tanto temporal como eternamente. No se pierda de vista esta importante aclaración.

e) Y *presente* en el momento de tomar las decisiones. Hay que desconfiar de los motivos que hemos visto con mucha claridad en el pasado si han quedado en el pasado y no siguen reviviendo ahora. Todos sabemos cuánto desgasta y desluce el paso del tiempo tales razones; por eso incluso cuando se han tomado decisiones con una gran lucidez, por ejemplo, en la elección de la propia vocación, con el trascurrir de los años las razones que nos movieron a dar el paso pierden sus contornos y su nitidez y es fácil que las tentaciones y las dudas hagan temblar un proyecto para toda la vida. ¡Cuántos matrimonios y cuántas vidas consagradas han terminado en el fracaso por dejar de actualizar los motivos que animaron su entrega inicial a Dios o al cónyuge! Hay que volver a meditar y a refrescar periódicamente estas razones, o buscar nuevos motivos, que siempre se encontrarán.

Este trabajo intelectual se realiza por medio de la *consideración sopesada* de estos motivos: meditando, aconsejándose y rezando.

2) El segundo es el pasional o afectivo

En realidad no basta con una consideración puramente especulativa del argumento. Si pretendemos que algo nos mueva o, mejor aún, nos arrastre, debe estar en condiciones de conmocionar nuestra afectividad. Es bien sabido que las pasiones, afectos o emociones pueden arrastrar la voluntad. Hablamos ahora de las emociones voluntariamente provocadas, no de las que surgen espontáneamente. Si respecto de lo que tenemos proyectado realizar surgieran pasiones de modo espontáneo, no habría dificultad alguna, pues la pasión reforzaría el querer. Lo que nos interesa aquí es recalcar que un querer lánguido puede ser ayudado *provocando deliberadamente una emoción que lo refuerce*.

Así, pues, hablamos de *estimular* una pasión, para que la pasión nos ayude a querer más intensamente. No es esto un círculo vicioso, pues, como enseña la sana psicología, la voluntad puede moverse a sí misma. Y no es de extrañar que a pesar de tener fuerza de voluntad respecto de algunas cosas, no la tengamos para otras, sea porque estas no nos gustan o porque no nos entusiasman. Por tanto, con un poco de voluntad que tengamos (y todos contamos con un poco, a menos que suframos dolencias más profundas como abulia, apatía o astenia) podemos tratar de cargar de motivación pasional o afectiva aquello que estamos obligados a realizar; y esto, una vez "sensibilizado" o "subjetivado", moverá con la fuerza de los resortes afectivos.

Este es el principio por el cual los grandes líderes dirigen a sus seguidores discursos encendidos cuando están a punto de enfrentar grandes peligros, o se requieren actos heroicos, o la voluntad naturalmente languidece por el temor o el cansancio. El recuerdo de todos los bienes que se han de seguir de la realización de este o aquel acto, o de los males que pueden resultar de no hacerlo, carga de emoción y transforma el mero querer en un *querer apasionado*. Valga de ejemplo la arenga que Shakespeare pone en boca de Enrique V antes de la batalla de Agincourt, el día de los santos Crispín y Crispiniano de 1415, después de constatar que sus diez mil soldados extenuados, han de enfrentar un fresco ejército de franceses que los doblan en número:

"¿Quién es el que desea tener ahora más hombres en nuestro ejército? ¿Mi primo Westmoreland? No, mi buen primo: si estamos señalados para morir, somos bastantes para ser una pérdida para nuestro país: si para vivir, cuanto menos hombres, mayor porción de honor. Por Dios, te ruego que no desees ni un hombre más... Por la paz de Dios, no me querría perder tan gran honor como me parece que me quitaría un solo hombre más, ni a cambio de la mejor esperanza que tengo. Ah, no desees uno más; más bien proclama, Westmoreland, por todas mis huestes, que a quien no tenga ánimos para esta lucha, se le deja marchar, se le haga el salvoconducto, y se le pongan en la bosa dineros para el viaje; no queremos morir en compañía de quien tema que su compañía le hará morir con nosotros. Hoy es el día de San Crispín: el que sobreviva a este día y vuelva a casa sano y salvo, se elevará de puntillas cuando se nombre este día, engrandeciéndose ante el nombre de San Crispín. El que salga vivo hoy y llegue a la vejez, todos los años, en la víspera de ese día, invitará a sus vecinos, y dirá: «Mañana es San Crispín»; y luego se remangará y enseñará sus cicatrices. Los viejos olvidan: todo quedará olvidado, pero él recordará, mejorándolas, las hazañas que hizo ese día. Y entonces nuestros nombres resultarán familiares en su boca como palabras caseras: el rey Enrique, Bedford, Exeter, Warwik, Talbot, Salisbury y Gloucester, todos seremos recordados de nuevo entre sus copas rebosantes. Este relato contarán los hombres buenos a sus hijos; y jamás pasará el día de San Crispín y San Crispiniano, desde hoy hasta el fin del mundo, sin que seamos recordados en él nosotros pocos, felices pocos, nosotros, grupo de hermanos; pues el que hoy vierta conmigo su sangre será mi hermano: por humilde que sea, este día le hará de noble rango, y muchos caballeros de Inglaterra, que ahora descansan en sus camas, se considerarán malditos por no haber estado aquí, y les parecerá mísera su valentía cuando hable alguno que haya combatido con nosotros el día de San Crispín".

Razones de este tenor fueron suficientes para ensanchar las voluntades de los enflaquecidos soldados y lanzarlos a la batalla con redoblado valor alcanzando una estrepitosa victoria[28]. Si se prefieren ejemplos bíblicos, léase el discurso de Judas Macabeo antes de la batalla de Emaús con similares resultados (cf. 1Mac 4[29]). No se trata, ciertamente, de argumentos dirigidos a la pura razón sino que pulsan las fibras afectivas.

---

[28] Arenga antes de la batalla de Agincourt en 1415, el día de los santos Crispín y Crispiniano, en "Enrique V", acto IV; fue una victoria total para los ingleses que combatieron con 9.000 hombres a cerca de 18.000. Los ingleses tuvieron entre 100-500 bajas, según las diversas fuentes, y los franceses, entre 5000 y 8000, según las mismas fuentes, y 1.000 prisioneros. Shakespeare exagera al hablar de 60.000 franceses.

[29] "Al año siguiente, reunió Lisias sesenta mil hombres escogidos y cinco mil jinetes para combatir contra ellos. Llegaron a Idumea y acamparon en Bet Sur. Judas fue a su encuentro con diez mil hombres y, cuando vio aquel poderoso

De modo semejante obra todo aquel que intenta entusiasmarse con las obras que ha de realizar, sea estudiar, rezar, trabajar manualmente o combatir. La afectividad es excitada viendo todas las razones de conveniencia, los aspectos amables, los beneficios presentes o futuros, las consecuencias útiles, etc., de la acción que se ha de acometer. También influye afectivamente la consideración de los daños, pérdidas, males y desventajas que conllevaría el dejar de hacer una determinada acción. Las pasiones que contribuyen a reforzar el querer son, ante todo, el amor sensible, que es la pasión fundamental que encontramos en la base de toda otra emoción; asimismo el celo, el deseo, la confianza, la esperanza de obtener el bien amado a pesar de estar circundado de dificultades y la ira que se levanta contra lo que amenaza el bien querido. En cambio es más ambiguo el temor, porque a unos los paraliza y a otros los activa; de todos modos, bien empleado puede robustecer la voluntad para el acto contrario (por ejemplo, el que pretende consolidar su voluntad de estudiar avivando el temor de reprobar si no estudia bien); por eso dice el dicho: "el miedo no es zonzo", en el sentido de que a veces el miedo estimula la flojedad y hace encontrar modos de escaparse de un peligro incluso al más tonto. En cambio el dolor, la tristeza y la

---

ejército, oró diciendo: «Bendito seas, Salvador de Israel, que quebraste el ímpetu del poderoso guerrero por mano de tu siervo David y entregaste el ejército de los filisteos en manos de Jonatán, hijo de Saúl, y de su escudero. Pon de la misma manera este ejército en manos de tu pueblo Israel, y sus fuerzas y su caballería queden defraudadas. Infúndeles miedo, rompe la confianza que ponen en su fuerza y queden abatidos con su derrota. Hazles sucumbir bajo la espada de los que te aman, y entonen himnos en tu alabanza todos los que conocen tu nombre.» Vinieron a las manos y cayeron en el combate unos cinco mil hombres del ejército de Lisias" (1Mac 4,28-34).

desesperanza suelen paralizar la actividad volitiva, por lo que quienes son propensos a tales emociones deben aprender a superarlas para no quedar sumidos en el abandono y la pasividad.

3) Encontrar "el" motivo

En realidad no se trata de amontonar motivos sino de encontrar uno suficientemente poderoso para empujar la voluntad a salir de su inercia. Es bien conocida la expresión de Víktor Frankl: "El interés principal del hombre es el de encontrar un sentido a la vida, razón por la cual el hombre está dispuesto incluso a sufrir a condición de que este sufrimiento tenga un sentido"[30]. El dolor es una de las afecciones que más rehúye nuestra naturaleza; que la voluntad *esté positivamente dispuesta* a asumirla implica que, aún bajo la apariencia de resignación, tiene una enorme energía que la inclina hacia la paciente aceptación del dolor; *pero requiere para esto un poderoso motivo que dé sentido* a tal sacrificio.

Para algunos se trata de encontrar aquella "razón" capaz de hacer torcer el rumbo de la vida cuando esta parece precipitarse en el fracaso, como Odiseo (Ulises) en el episodio que dio pie a Heinz Kohut para hablar del "semicírculo de la salud mental": Odiseo estaba felizmente casado con la hermosa Penélope y tenían un hijo pequeño de sólo dos años, cuando llegaron a Ítaca las noticias de la inminente guerra contra Troya. Ulises no quería

---

[30] Frankl, Víktor, *El Hombre en busca de Sentido: Conceptos básicos de Logoterapia*, Barcelona (1979), 158

abandonar a su familia para embarcarse en una guerra que preveía larga y sangrienta, pero era evidente que vendrían a reclutarlo porque era un soldado sagaz y valeroso. Por eso, cuando Menelao y Palamedes llegaron a buscarlo, Odiseo concibió la idea de hacerles creer que estaba loco para que lo dejaran en paz; y con tal fin se dedicó a arar la playa con un arado tirado por la yunta de un buey y un asno, sembrando sal en vez de trigo, mientras adornaba su cabeza con un bonete y repetía frases incoherentes. Pero Palamedes, intuyendo que se trataba de una treta, arrancó sorpresivamente el niño de los brazos de su madre y lo arrojó delante del arado; Odiseo, al ver al niño caído, hizo un rápido movimiento, trazando un semicírculo en torno a él para no lastimarlo, reacción propia de un hombre equilibrado. El amor por su hijo fue el *poderoso motivo* que hizo decidir su voluntad a delatar su cordura ante los reclutadores y preferir la indeseada milicia y la separación de la familia antes que la muerte del vástago.

Del mismo modo, la persona con una voluntad débil quizá no haya encontrado aun *el motivo* por excelencia, aquel inmensamente fuerte, capaz de poner en movimiento su voluntad y torcer el rumbo que la dirige a la ruina. Y no es infrecuente que cuando motivos de este porte no se encuentran entre los bienes humanos, sí puedan hallarse entre los bienes sobrenaturales.

4) Algo más sobre los motivos de la voluntad

Explicando Laburu algunos ejemplos de sorprendentes cambios de conducta (en particular el ejemplo de un presidiario español incorregible y reincidente, asesino y ladrón, que convertido en soldado en África cambió radicalmente al ser tratado con respeto y cariño por un capitán pasando a ser leal, generoso y desinteresado) decía: "la experiencia nos dice que la «fuerza de voluntad», no es como la fuerza muscular. Al que tiene fuerza muscular para levantar 50 kilos de peso, le es indiferente la materia del peso; levanta 50 kilos de cualquier cosa. En la voluntad no sucede así. La materia sobre la que versa el acto volitivo, la hace en unas materias ser fuerte y en otras débil de voluntad. Por consiguiente aparece claro que la fuerza de voluntad, no es una entidad *en sí*, sino que es variable según los «motivos» que se presenten a la voluntad"[31].

Lo mismo dice respecto de los propósitos: "el propósito, por el solo hecho *de haber sido hecho*, no tiene fuerza alguna para mover la voluntad. Necesita ésta el tener presente el «motivo» en el momento en que se va a obrar... Ayuda a que el «motivo» esté presente en la conciencia, el que al hacer el propósito, se actúe bien [= *se haga de modo consciente*] en qué ocasión queremos que sea práctico, y así estarán asociadas las circunstancias y el motivo"[32].

---

[31] Laburu, José, *Psicología médica*, Montevideo (1942), 279.
[32] Ibídem, 282.

Por esta razón es necesario, como ya hemos dicho más arriba, *subjetivar* los motivos de la voluntad; es decir, cargarlos de valores y de interés personal.

Reiteramos, una vez más, que esto es el fruto de la ponderación, meditación y oración sobre la naturaleza y valor de nuestra vocación, proyectos y metas...

5.

Trabajo sobre la voluntad en los casos más graves

Además de los motivos se debe trabajar el acto mismo de la voluntad. Evidentemente, la educación de la voluntad presenta dificultades desparejas según el grado de deterioro de la misma. Los casos más comprometidos son los de quienes padecen problemas serios como abulia o apatía. Habrá que ver en casos muy extremos si no tenemos un daño tal que exija la intervención de un médico, como puede ocurrir a los que han abusado de sustancias tóxicas (drogas y alcohol) y a quienes sufren patologías como la depresión severa. Supuesto que no nos encontramos ante tales extremos sino en el marco de parámetros tratables con un fuerte trabajo educativo, con dirección espiritual o con algún tipo de psicoterapia, podemos dar las siguientes indicaciones.

Explica Irala: "Los abúlicos, que por no haber hecho actos eficaces de voluntad vinieron a perder la conciencia o el sentimiento interno de ellos, deben ante todo ejercitarse en actos sencillos perfectamente volitivos (por ejemplo: andar, levantar el brazo, tocar un objeto...) reproduciendo las características somáticas y los requisitos psíquicos hasta adquirir el sentimiento interno del acto eficaz. Vayan luego graduándolo de más fáciles a más difíciles"[33].

Por tanto, en estos casos la reeducación ha de comenzar por actos básicos como ejercitarse en levantar un brazo o una pierna, caminar unos pasos o levantarse de una silla. Quizá algunas personas realizan estos actos normalmente, pero carecen de energía para otros más importantes. La ejercitación sobre estos actos (caminar, sentarse o levantarse) no es necesaria, por tanto, por el hecho de que no los estén ya haciendo, sino en orden a que *experimenten en ellos* el influjo de la voluntad (tomar conciencia –sentir– que este acto lo estoy realizando con mi voluntad) y se pueda aplicar luego esta experiencia a otros actos más importantes; también para recuperar la confianza en la fuerza de la propia voluntad, que es lo primero que pierden los débiles volitivos.

Transcribo un ejemplo concreto del mismo Irala: "El joven O. M., aunque educado en colegio católico, rompió en la Universidad todo freno moral, y por la costumbre de dejarse dominar por el vicio impuro, había llegado a una abulia e indecisión tal, que le parecía imposible contenerse. Se sentía abatido, esclavo y anulado en su personalidad. Además, la obsesión del vicio le estorbaba la concentración en el estudio.

---

[33] Irala, N., *Control cerebral y emocional*, Buenos Aires (1994), 186.

"No fue difícil convencerle que podría rehacer su personalidad y recobrar su antiguo vigor, reeducando la voluntad. En la primera semana de tratamiento hizo actos volitivos externos en ocho o diez ocasiones por día, respondiendo a estas preguntas:

1º. «¿De qué se trata? ¿Cuándo y cómo se hará?» y contestaba concretando el acto: «Se trata de querer o no levantarse, de caminar por la derecha o por la izquierda», etc.

2º. «¿Me es posible? Si yo mando a mis pies que vayan hasta tal sitio, ¿me obedecerán?» Y procuraba sentir su posibilidad con respuestas afirmativas. Al tratarse de algo más difícil, decía con tono de certeza absoluta: «Sí, estoy seguro, puedo».

3º. «¿Hay motivos para quererlo? —Sí, aunque no sea más que para ejercitar mi personalidad y reeducarme».

4º. «¿Según eso, lo querré, sí o no?» Y se decidía interiormente, apartando la posibilidad contraria.

"Experimentó tal gozo al sentir de nuevo su fuerza volitiva, que al tercer día vino a comunicármelo. Se ejercitó luego en actos más difíciles y que exigían mayor vencimiento, y más tarde en algunos en que intervenía su pasión: por ejemplo, mandar a sus pies que en lugar de ir a tal lugar peligroso, fuesen a otro; a sus ojos, en vez de mirar hacia el objeto excitante, se fijasen en otro inofensivo, etc. A los 20 días se encontraba transformado. En honor a la verdad debo decir que, a estos medios psíquicos, añadió el medio sobrenatural de reconciliarse con Dios por la confesión"[34].

No podemos poner límites a esta posibilidad de *resurgir* que tiene la voluntad por más casos de voluntades aplastadas que conozcamos. Así, por ejemplo, si bien es un hecho incontestable que uno de los problemas más severos se presenta en los casos de depresiones endógenas con tendencias suicidas, sin embargo, dice al respecto Frankl: "¿No indicó E. Stransky que ciertos oficiales depresivos endógenos que habían dado su palabra de honor de no suicidarse, mantuvieron esa palabra? ¿No demostró E. Menninger-Lerchenthal que «dentro de ciertos límites de posibilidad, se puede dominar la inclinación morbosa al suicidio mediante la actitud religiosa»?"[35] Por eso añade el mismo autor: "Precisamente el patólogo del cerebro y el psiquiatra genético conocen por experiencia esas limitaciones que sufre la libertad espiritual por una enfermedad psicofísica; pero justamente esos dos expertos en condicionalidades psicofísicas son testigos de la libertad espiritual, testigos de ese libre campo de acción que les hace concluir «por exclusión» que existe una capacidad frente a las condiciones psicofísicas, la existencia de la libertad espiritual. Estos testigos comprueban el poder de la persona a pesar de su aparente «impotencia»; yo diría que descubren el *poder de resistencia del espíritu*"[36].

---

[34] Ibídem., 186-187.
[35] Frankl, V., *El hombre doliente*, cap. IV.
[36] Ibídem., cap. II.

6.

Educar la voluntad mediante actos

Siendo la voluntad una facultad, está ordenada a obrar, y obrando se desarrolla y perfecciona. Por eso, "la regla más importante para robustecer la voluntad es la siguiente: ejercítate cada día en vencerte a ti mismo aunque sólo sea en algo insignificante, y así, tras un ejercicio de años, alcanzarás una fuerte voluntad. Sólo lo conseguirás mediante innumerables ejercicios"[37].

He de suponer que quien lee estas páginas o tiene alguna dificultad personal con la voluntad o tiene que ayudar a quien la padece. Por tanto, hemos de indicarle que no hay que hacerse ilusiones con remedios mágicos ni instantáneos; el trabajo de educación o de reeducación, según los casos, es una labor paulatina y escalonada. No se logra en un día, ni en un mes; es tarea de largo tiempo. Pero a medida que la voluntad realiza actos

---

[37] Toth, Tihamer, *El joven de carácter*, cap. III.

auténticamente volitivos (es decir, "quiere"), sin detenerse en veleidades ("querría" o "quisiera") va creciendo su eficiencia volitiva. En particular el proceso *reeducativo* debe centrarse primero en actos volitivos *externos*, comenzando por algunos fáciles ("quiero mover el pie"; "quiero caminar hasta aquel punto") y luego intentando otros cada vez más difíciles ("hoy quiero no comer postre"); y después de esto hay que pasar a ejercitarse en actos internos ("quiero pensar en tal o cual cosa"; "durante el próximo cuarto de hora quiero pensar en tal tema o no quiero pensar en tal problema"). Como dijimos más arriba, el mismo hecho de constatar el influjo motor e imperativo de la voluntad sobre nuestras potencias externas (manos, pies...) ayuda a comprobar que podemos realizar actos volitivos y a recuperar la confianza (ya que, a menudo, lo que consideramos "falta de voluntad" es más bien desconfianza de que podamos querer eficazmente algo).

Hay que empezar usando la magnífica capacidad reflexiva que tiene la voluntad. "Reflexiva" no hace referencia aquí al conocimiento sino a la capacidad de actuar sobre sí misma, propia de las facultades espirituales. En este sentido, la voluntad es reflexiva porque puede querer su propio querer. Lo expresó hermosamente san Agustín cuando dijo en su obra *Confesiones*: "Todavía no amaba, pero amaba amar y buscaba qué amar amando amar". Como el querer, acto de la voluntad, es un bien, la voluntad puede querer ese bien, es decir, puede querer *querer*. Y por aquí debe comenzar quien siente debilidad del querer, apatía o abulia: tiene que aspirar a *querer*, debe amar *amar*, desear con todas sus fuerzas el *querer* de veras. Y debe pedirlo a Dios como un don: "Concédeme amar verdaderamente; dame la gracia de querer en serio algo que valga la pena ser amado".

1) Metas, medios y exámenes

Trabajar los actos de la voluntad equivale a trabajar mediante "consignas", "fines más o menos cercanos", "metas" alcanzables en un plazo prudente. En la medida en que una persona pueda constatar que ha sido capaz de lograr una meta propuesta, por más que sea fácil y cercana, no solo crecerá materialmente su energía volitiva, sino también su confianza en su capacidad, y esto redundará en la intensificación de esa misma energía.

Esto exigirá, al menos al comienzo del trabajo, especialmente en las personas con problemas volitivos más hondos, una labor minuciosa que implica dos tareas: una previa, de *programación*, y una posterior, de *examen*.

Primero se debe *programar o planear* lo que se quiere lograr: qué meta quiero alcanzar y por qué medios la haré posible. Sin un *fin*, nadie sale de la inercia; sin *medios* no se logra ningún fin. Por tanto, primero hay que determinar qué es lo que nos proponemos alcanzar; lo cual debe consistir en un fin concreto y no demasiado lejano, puesto que ya insistimos en la importancia de comprobar –experimentar y sentir– la eficacia del trabajo que estamos realizando. Según los casos, puede tratarse de: levantarnos a una hora determinada, limitar la cantidad de alimentos que comemos, rezar diariamente ciertas oraciones, usar menos tiempo la computadora, dejar de fumar, limitar el uso del teléfono o de la televisión... Cada uno sabe dónde la aprieta el zapato.

Además del fin, debemos dejar bien claro cuáles medios me propongo emplear, puesto que luego me examinaré puntualmente sobre esto. ¿Cómo haré para comer menos? Puede ser que tenga que exigirme ciertas medidas: decidir al final del desayuno qué y cuánto comeré en el almuerzo; proponerme comer un solo plato (y este con medidas decididas anticipadamente), o tener una dieta preparada por un especialista... ¿Quiero ordenarme en el uso de la computadora? Puede ayudarme el colocarla en un lugar visible de la casa donde otros puedan ver lo que yo leo en la pantalla; decidir cuánto tiempo por día la usaré y en qué horarios precisos; no tenerla encendida fuera de esos tiempos para que, como dice el dicho, "la ocasión no haga al ladrón"; decirle a quienes viven conmigo cuáles han sido mis resoluciones, para que el tener presente que otros están al tanto de mis propósitos me sirva de aliciente a ser fiel; usar filtros contra pornografía; pedir a alguien que revise periódicamente el historial de mis páginas de navegación... La lista puede ser muy amplia y variable.

Luego viene la tarea de revisar los resultados. Y digo "revisar" y no solo "enumerar". No sirve de mucho tomar conciencia de que nos ha ido bien o que hemos fallado tantas o cuantas veces... Lo que influye sustancialmente en el trabajo es saber *qué contribuyó* a que tuviésemos éxito para lograr lo que nos habíamos propuesto, o *qué terció* para que las cosas no funcionaran. ¿Por qué no hice lo que había planeado? ¿Fue falta de concentración, pereza, distracción, poca oración, apoyarme solo en mis fuerzas, no pedir ayuda, no actualizar los propósitos, no renovar los motivos que tengo para vencerme, no poner más pasión en lo que realizo...? Solo un examen sincero puede darme pautas sobre *qué funciona*, y *qué no funciona*. Y luego debo corregir mis planes, según los resultados de este examen. Podemos llevar incluso un cuadro semanal (lo que es muy importante en los casos más serios, especialmente cuando tenemos voluntades "dañadas", y también en los no tan serios, al menos en los comienzos de la educación). Se puede diagramar, por ejemplo, del siguiente modo:

Objetivo propuesto	Medios para alcanzarlo	Triunfos (¿por qué funcionó?)	Fracasos (¿por qué no anduvo?)

San Ignacio de Loyola propuso en sus Ejercicios Espirituales algo muy similar: el "examen particular de conciencia" que puede usarse para este trabajo[38].

---

[38] Cf. Fuentes, M., *El examen particular de conciencia*, Colección Virtus n. 1, San Rafael (2011). Sobre este punto y todo el método ignaciano contenido en los Ejercicios es muy interesante lo que escribe Irala y los testimonios de los

2) Imponerse una penitencia

Con la sola revisión de nuestros logros y fracasos daremos un paso importante... pero insuficiente si no lo completamos con otras cosas. No alcanza solo con saber cómo nos ha ido. Así como es necesario alegrarnos y tomar conciencia de los pasos que hemos dado (pues si no alentamos positivamente al que lucha, y en particular si no le mostramos apoyo y alegría por sus éxitos, no habrá educación que funcione), es igualmente obligado saber imponerse una penitencia por cada falla voluntaria. Si el faltar a

---

médicos que cita: "El protestante doctor Vittoz sentía gran admiración por san Ignacio de Loyola. Decía que se había adelantado tres siglos a su tiempo en la fina introspección psíquica y en la atinada pedagogía que revela en sus Ejercicios y Exámenes. El fin de san Ignacio es hacer al hombre perfecto: que proceda según las normas más sublimes del psiquismo superior, sin que le estorbe el psiquismo inferior o afecciones desordenadas, como lo indica en el título mismo de su librito. Por eso dispone en los Ejercicios del «poder legislativo» para elegir, determinar y concretar la norma de vida.; y en los Exámenes del «poder ejecutivo» para llevarlo a la práctica.

Los Ejercicios proponen los motivos más fuertes y nobles en sí, asimilados por el ejercitante y reforzados por la afectividad de amor a Jesucristo.

Así orientando el psiquismo superior, para que las pasiones no le desvíen, vienen las meditaciones preparatorias de la elección, seguidas de ésta, que concreta y decide la norma futura de su vida.

El «poder ejecutivo» tiene un instrumento sumamente eficiente en el examen particular, verdadero «voluntímetro» y «voluntígero» (es decir, un «medidor» y un «generador» de voluntad), que nos hace ejecutar actos verdaderamente volitivos concretándonos a una sola virtud o vicio, y en tiempo y lugar determinado; que nos hace sentir su posibilidad y facilidad, comenzando por cosas externas y fáciles, para seguir por las difíciles e internas, exigiéndonos solamente el esfuerzo y vigilancia por medio día. Finalmente, nos hace renovar tres veces por día la decisión y reforzarla con las comparaciones de un examen a otro, con la contrición cuando faltamos, con el amor a Jesucristo y con la oración y confianza en Dios.

Es un tratamiento psicoespiritual eficacísimo para curar las enfermedades psicomorales, que son nuestros defectos.

El doctor Schleich, protestante, profesor de la Facultad de Medicina de Berlín, afirma aún más: «Con toda seguridad y convicción digo que con esas normas y ejercicios en las manos, podríamos aún hoy día transformar nuestros asilos, prisiones y manicomios, e impedir que fuesen recluidos los dos tercios de los que allí están»" (Irala, *Control cerebral y emocional*, 190-192).

los propósitos tiene las mismas consecuencias que el cumplir con ellos, ¿por qué razón vamos a desvelarnos para no repetir los mismos yerros?

He aquí una historia, tomada de un viejo escrito para jóvenes, que a pesar de las décadas transcurridas no ha perdido su valor; escribe un educador respecto de nuestro tema:

"Un día, que estaba reprochando a un joven su infidelidad y sus culpas...

—Pero, Padre —exclamó—. Usted habla muy bien... pero... la tentación es más fuerte que yo.... Yo querría..., pero no puedo...

—Si quisieras podrías —le respondí.

—Eso es fácil de decir; pero... ¡es tan poco lo que basta para provocar en mí una tempestad y una caída!

—¿Quieres que te dé un sencillo remedio? Te prometo con él la curación.

—Acepto...

—Pues bien: cada vez que se desencadena la tempestad y caigas arrastrado, me darás una pequeña cantidad de dinero para que yo haga limosna con los pobres.

Como la cantidad era pequeña, se echó a reír, diciendo que con ello no se corregiría fácilmente.

—De todas maneras, haz la prueba, y después me cuentas.

Se marchó y mantuvo su palabra. Superfluo es decir que todos sus pequeños ingresos comenzaron a ser sacrificados, y tuvo que empezar por privarse de los cigarrillos y luego de otras cosas con que acostumbraba a divertirse. Aun así no hubo inicialmente cambios notables.

—¿Lo ve usted, Padre? —me dijo, triunfante, ante la ineficacia de mi remedio.

—Continúa, y veremos.

Un buen día, viendo que su bolsillo estaba siempre vacío, se dijo a sí mismo: «¡Soy un estúpido! Si continúo así, me quedaré en la miseria, y adiós vacaciones, adiós salidas...» En estas reflexiones transcurrió una semana, manteniéndose firme; es decir, venciéndose a sí mismo... El bolsillo y la billetera permanecieron intactos... Multiplicó sus esfuerzos; de cuando en cuando tuvo alguna recaída; pero dichoso con las victorias alcanzadas, juró terminar lo comenzado, y al cabo de algunos meses todo espíritu de rebelión desapareció de él. Más aún; pronto llegó a hacer por virtud lo que primero había hecho para no aligerar o vaciar su billetera".

¿De qué nos vamos a privar nosotros? ¿O qué nos vamos a exigir por cada vez que dejemos arrinconados nuestros propósitos? ¡Que nos cueste aunque sea un poco y tendremos un aliciente para salir adelante!

3) Otros recursos

El P. Irala sugiere también otros recursos útiles, que los menciono a continuación para quienes quieran aprovecharse de ellos[39]:

a) Distinguir el acto verdaderamente volitivo, la decisión, de los que no lo son; del deseo, impulso, veleidad e intención de obrar. Esto es importante no solo para no engañarnos pensando que estamos queriendo sinceramente cuando solo tenemos deseos ineficaces o veleidosos, sino también para evitar los escrúpulos insanos cuando tememos haber consentido (con voluntad plena) un mal acto interno (pensamiento o deseo) habiéndose tratado, en cambio, de una tentación no aceptada perfectamente.

b) Concretar, para no contentarse con un mero deseo o proyecto. No debemos vivir de meros ensueños, sino de realidades. Si quiero algo, debo concretar cuándo, cómo y de qué modo he de llevarlo a cabo.

c) Graduar de fácil a difícil, para sentir la posibilidad y evitar los fracasos, o actos falsos de voluntad, con el desaliento que les sigue.

d) Podemos también dramatizar (o sea, imaginar como si fuera una escena teatral) nuestro proceso volitivo presentándolo como una lucha y distinguiendo en ella cuatro etapas.

---

[39] Cf. Irala, N., *Control cerebral y emocional*, 188-189.

1º Presentación de contendientes: ¿cuáles son los actos que yo puedo querer o rechazar? (Por ejemplo: quedarme en la cama cuando me llamen o saltar de ella).

2º Lucha de contendientes: discusión de los motivos en pro y en contra: ¿qué utilidad o daño me trae el quedarme y qué ventajas el saltar?

3º Sentir la posibilidad de que puedo dar la victoria a quien quiero.

4º Victoria de uno de ellos, dejándole como dueño del campo de la conciencia, imaginando concretamente cómo saltaré, y apartando la posibilidad de quedarme, o sea, haciendo esto último imposible para mí, por la decisión (convencerme de que "no puedo no querer esto que he decidido"); es decir, debemos estar convencidos de que si hemos tomado tal o cual decisión – supuesto que sea un acto bueno– ya no hay "vuelta de hoja", no podemos echarnos atrás. Así se forman los hombres "de palabra" (el *hombre de palabra* es aquel que nunca se desdice ni deja de cumplir una promesa, aun cuando esto implique sacrificios y perjuicios para él).

Además, es necesario ejercitarse de modo constante; la vida nos ofrece diariamente numerosas ocasiones; y las más triviales sirven maravillosamente para nuestro trabajo. Reproduzco una serie de sugerencias del gran educador de los jóvenes Tihamer Toth que pueden ser muy útiles para inspirarnos otras quizá más adecuadas a cada uno de nosotros o más al alcance de nuestra mano:

"Aquí te propongo algunos ejercicios:

Si no puedes evitar algún mal, un dolor, una prueba... no te quejes, súfrelo con paciencia. No lloriquees: «¡Ay, qué sed tengo!», «¡Ay, cuánto me duele la cabeza!»,«¡Ay, cómo me aprieta el zapato!». Acuérdate de Nuestro Señor Jesucristo crucificado, y sufre, sufre sin decir palabra.

Lo que has decidido tienes que hacerlo. Cueste lo que costare; no importa. Lo que has empezado no lo dejes a mitad de camino. Hay jóvenes que cada cuarto de hora esbozan nuevos planes sin rematar uno solo felizmente.

Cumple con escrupulosa fidelidad el deber de cada día. Hasta el más leve. Porque si vale la pena hacerlo, vale también la pena de que lo hagamos bien.

Ahí tienes la lucha matutina con la almohada, lucha en que tantos jóvenes quedan vencidos; si suena la hora, salta en seguida de la cama.

Domina siempre tu humor, sea cual fuere, bueno o malo. Has de moderarte hasta en las alegrías, en el entusiasmo. Lo mismo en el hablar que en el callar.

Medio fenomenal para robustecer la voluntad es el tener a raya nuestros sentidos. No dejes vagar la mirada continuamente. No mires todo lo que excita tu curiosidad. Una gran muchedumbre se agrupa en la calle; la curiosidad te importuna por dentro. No importa. Quiero ejercitarme un poco en vencerme a mí mismo. No iré, y... no iré a ver lo que pasa.

Y domina también tu lengua, lo que resulta terriblemente difícil. No descubras el secreto que se te ha confiado. No divulgues maliciosamente las faltas de los demás. No murmures. No punces con traidora ironía a los presentes y no hables mal de los ausentes. No te extasíes oyéndote a ti mismo hasta el punto de no dejar respiro a los demás ni ocasión para que puedan hablar. No presumas de tus propias hazañas. Por último, persevera siempre en la verdad, aunque sea en detrimento tuyo. No mientas nunca, ni en las cosas pequeñas, aunque pudieras lograr grandes ventajas a cambio de una pequeña mentira.

También el momento de la comida brinda muchas ocasiones para dominarte a ti mismo en el ejercicio de la abnegación. Para ello, no busques lo que más te gusta, no llenes el estómago, no comas con voracidad"[40].

En un viejo escrito se decía, hablando de esto último: "nunca te levantes de la mesa sin haber hecho un pequeño sacrificio".

4) Voluntad y hábitos

La finalidad de la realización y repetición de actos volitivos es la formación de hábitos. La verdadera educación se produce cuando la persona ha desarrollado en sus potencias —en este caso en la voluntad— hábitos virtuosos. Puede resultar incomprensible para una mentalidad que tiene una idea empobrecida del hábito, es decir, que lo concibe a modo de una mera costumbre o modo de actuar. Pero esto no tiene nada que ver con el verdadero hábito.

---

[40] Toth, Tihamer, *El joven de carácter*, cap. III.

El hábito no es una costumbre; esta última puede practicarse por distintos motivos incluido el temor o la rutina; un hábito sólo se adquiere si se hace un acto por libre elección. Un joven puede asistir a Misa durante los años de su escuela, si lo imponen los estatutos de la misma, únicamente para evitar una sanción de sus superiores o para evitar una mala nota de concepto o una falta; de este modo, aun habiéndose *acostumbrado* a oír Misa, no forjará jamás el hábito. Puede que incluso haya desarrollado el *hábito* interior de renegar contra una Misa que considera aburrida y obligatoria, a la que faltaría si le diesen libertad de elegir. El resultado será que cuando ya no tenga más obligación exterior, abandonará la práctica inmediatamente. Para que alguien adquiera un hábito debe hacer lo que se le manda "aun cuando no estuviese mandado"; debe hacerlo porque quiere hacerlo; es decir, debe *elegirlo*. Sólo cuando uno obra por propia elección se forman los hábitos virtuosos. Esta es la razón por la que se forman tan rápidamente los hábitos viciosos: nadie nos obliga a ser malos o a pecar; precisamente para obrar contra los mandamientos de Dios uno debe "elegir" pecar y a menudo debe también vencer obstáculos como la vergüenza, el temor de ser descubiertos, el miedo a la mala fama y a otras consecuencias indeseadas...; nuestras pasiones nos inclinan pero no nos obligan (no somos autómatas); de ahí que, en algunas ocasiones, baste quizá un solo acto malo para arraigar un vicio (lo que vale también para una virtud cuando se realiza un solo acto *pero heroico*). Ayuda mucho, para asegurarnos de que nuestros actos son realmente libres y que no estamos obrando sólo por obligación, hacer siempre un poco más de lo que está mandado, renunciando a veces no sólo a lo que está prohibido (por ejemplo, el que no se limita a comer solo lo necesario sino un poco menos de eso; el que no se ciñe a desviar su mirara de lo obsceno, sino que renuncia a miradas no malas pero movidas por la simple curiosidad, etc.).

Las virtudes –hábitos perfectivos buenos– son perfecciones de nuestras facultades espirituales (inteligencia y voluntad) y sensibles (apetito concupiscible e irascible), a las cuales dan energía y las potencian para que produzcan sus actos de la manera más perfecta posible. Del mismo modo que en otro orden de hábitos (los artísticos, que suponen también desarrolladas ciertas capacidades técnicas) hablamos de un *virtuoso del violín o del piano* para referirnos al músico que es capaz de arrancar ejecuciones maestras de su instrumento y dar lo mejor de su capacidad musical, ocurre algo semejante en las facultades superiores a las que los hábitos virtuosos otorgan una triple perfección:

1º Una de orden "cognoscitivo", pues el hábito "connaturaliza" la potencia con su objeto tendencial, lo asemeja, y la semejanza permite una especie de intuición (el casto *intuye* tanto lo que es puro, cuanto lo que amenaza su castidad; el justo *olfatea* lo que es justo y *huele* a la legua lo que apesta a sucio negociado). De ahí la expresión aristotélica que retoma Santo Tomás: el fin bueno no aparece bueno "sino al bueno, es decir al virtuoso, quien tiene recta estimación del fin, por cuanto la virtud moral hace recta la intención del fin"[41].

2° Además perfecciona la capacidad electiva, es decir, hace capaz de elegir el bien virtuoso. El hábito es precisamente eso: una perfección electiva; aquilata la libertad haciéndola tender con más fuerza y seguridad hacia el bien que la corona.

3° Finalmente en el orden ejecutivo ayuda a que las obras que proceden de esa facultad se realicen pronta, fácil y deleitablemente.

Los mundanos siguen sin comprender esta verdad; pero debemos reconocer que la antigüedad tenía un concepto de la virtud más acrisolado. De ahí lo que escribía Pinckaers: "en otro tiempo virtud significaba fuerza y gracia, y su resplandor hacía huir a los demonios".

---

[41] "El hábito de la prudencia no se da sin virtud moral, que dispone siempre al bien, como ya se ha dicho. La razón de esto es manifiesta, pues como los silogismos especulativos tienen sus principios, así el principio de los silogismos operables es que tal fin sea bueno y óptimo, sea cual sea el fin por el cual alguien obra; y da (Aristóteles) algunos ejemplos, por ejemplo, para el templado lo óptimo y cuasi principio es el alcanzar el medio debido en las concupiscencias del tacto. Pero que esto sea lo óptimo no aparece sino al bueno, es decir al virtuoso, que es quien tiene una recta apreciación del fin, puesto que es la virtud moral la que hace recta la intención del fin. Pero que para los malos no aparezca lo que en verdad sea mejor se hace patente porque la malicia opuesta a la virtud pervierte el juicio de la razón y hace mentir en torno a los fines, que se dan en torno a los principios prácticos. Así al intemperante le parece óptimo seguir las concupiscencias, pues no puede razonar rectamente cuando yerra en torno a los principios. Luego, como al prudente pertenece razonar rectamente sobre lo operable, es manifiesto que es imposible que sea prudente el que no es virtuoso, como no puede ser sabio aquél que errase en torno a los principios de la demostración" (Santo Tomás, *Comentario a la Ética a Nicómaco*, VI, 10, nn° 1273-1274).

Los hábitos virtuosos que perfeccionan la voluntad son la justicia y todo el conjunto de virtudes que giran en torno a ella y que elevan la fuerza de esta potencia para sus relaciones con el prójimo: la justicia respecto del bien común y de los particulares, la religión para con Dios, la piedad con los padres y la patria, la gratitud con los benefactores...

A su vez, la voluntad requiere que también las potencias afectivas de nuestra sensibilidad estén perfeccionadas por hábitos virtuosos (la templanza que perfecciona el apetito concupiscible –facultad de placer–, y la fortaleza el irascible –facultad de superación y lucha) para que estas sean dóciles a la voluntad (estos hábitos perfeccionan desde dentro estas facultades dándoles una especie de connaturalidad o afinidad con el mandato volitivo).

Finalmente se requiere la virtud de la prudencia que perfecciona la razón en su función directiva del obrar, por la cual podemos determinar con exactitud cuál es el acto virtuoso que corresponde hacer aquí y ahora.

7.

La voluntad de concentrarse y de desviarse

Entre las causas de las dificultades que afectan la voluntad hemos señalado más arriba el mal uso de las energías volitivas o, según dice Lersh, "una mala técnica". Sin lugar a dudas muchos problemas proceden de intentar ejercer la volición de modo crispado y tenso, o su contrario, con tono desinflado, lo que, antes o después, puede producir desgaste o desgano.

Muchas personas perciben la debilidad de su voluntad en la impotencia o en la fatiga para controlar sus pensamientos cuando estos divagan por donde no tienen que ir (no solo provocando distracciones sino vagabundeos por terrenos moralmente peligrosos) o cuando no se los puede fijar sobre un punto determinado (dificultad para concentrarse, para rezar, para estudiar, para pensar...). Los problemas de atención disipada, de desconcentración, de distracción permanente, de incapacidad de razonar... ¿son problemas intrínsecos a nuestras facultades cognoscitivas o más bien de nuestra voluntad agotada o frágil? De todas ellas; y con mucha frecuencia sobre todo de la voluntad.

Tanto la atención como la concentración son fenómenos cognoscitivos pero que implican un importante influjo de la voluntad. La *atención* manifiesta la energía volitiva cuando por ella amortiguamos, es decir, dejamos de lado, todas las impresiones sensoriales que perturban la observación de lo que se halla en el foco de una finalidad determinada (es decir, propiamente en el "foco de la atención"). Cuando la voluntad inhibe todas las representaciones de la imaginación y rige el pensamiento a una sola idea, hablamos de *concentración*. Cuando la voluntad no tiene la fuerza para mantener este dominio (o no quiere ejercerlo) hablamos de distracción[42].

No hay que olvidar que es la voluntad la que mueve a obrar a todas las potencias, incluida la inteligencia y hasta cierto punto los sentidos internos: pienso porque quiero pensar, y dejo de pensar en algo porque quiero no pensar en ello; quiero imaginar o quiero no imaginar (aunque el gobierno volitivo sobre los sentidos internos –imaginación, memoria...– se ejerza de modo más indirecto, porque estos son órganos sensibles, igualmente es la voluntad la que quiere o consiente que obren, la que decide que no obren, o, por lo menos la que decide hacer cuanto está de su parte para dirigir la atención a otras cosas)[43]. Es la voluntad, por tanto, la que está implicada, directa o indirectamente, en la lucha

---

[42] Cf. Lersh, Philipp, *La estructura de la personalidad*, 438-439.
[43] Cf. sobre este punto lo que explica Santo Tomás en la cuestión disputada *De malo*, 6.

contra las distracciones o en su contrario, las ideas molestas y obsesivas.

La pérdida del control sobre las propias ideas —y sobre los actos que siguen a estas— se debe muy a menudo a la manera deficiente en que controlamos nuestras emociones, imágenes e ideas. Sostiene Irala, con buen tino, que "para gobernar los sentimientos es necesario dominar los actos y las ideas, pues la idea precede e inclina al acto; y los actos y las ideas modifican los sentimientos... pero cuántos hay que no saben lo que piensan, o que no piensan lo que quieren, dominados como están por continuas distracciones, en el estudio, durante el trabajo, en la oración. ¡Cuánto cansancio innecesario! Cuántas energías perdidas por falta de unidad psíquica! Y podrían ser grandes genios, inventores, artistas, santos, si aprendiesen a concentrar sus fuerzas intelectivas y volitivas en un ideal".

Para poder enfrentar esta dificultad, hay que entrenar nuestras potencias, de modo tal de poder concentrarnos cuando lo deseamos, de poder desviar la atención de un objeto inoportuno o de un pensamiento obsesivo o perturbador, de poder descansar frenando el flujo imaginativo... En el fondo, todos estos ejercicios redundan en una mayor fuerza volitiva, pues es ella la que está implicada en todos estos actos. Sobre este punto vuelvo a recurrir a Irala que nos ofrece un medio de trabajo sencillo y eficaz.

1) Doble actividad cognoscitiva

La base de este trabajo es la constatación de la doble actividad de nuestra mente: una receptora y otra emisora. Recibimos las sensaciones del mundo exterior y emitimos –producimos– imágenes e ideas. Recibir las sensaciones conscientes no cansa, es más bien un tónico del sistema nervioso; produce alegría, enriquecimiento, paz y descanso. En cambio, el trabajo de emitir (o sea, re-presentar sensaciones previamente experimentadas o nuevas imágenes o ideas enriquecidas con otras experiencias o raciocinios elaborados consciente o inconscientemente) equivale a trabajar, por lo cual puede causar fatiga[44].

Por eso Irala, siguiendo las investigaciones del médico Roger Vittoz, parte de un doble principio: 1° para poder descansar de la fatiga cerebral y de las tensiones que vienen de la mente emisora descontrolada, hay que *hacerse meramente receptores* de sensaciones y actos conscientes; 2° para poder frenar las ideas que nos entristecen, irritan o atemorizan, nos ayuda el *darnos cuenta nítida* de

---

[44] La fatiga no afecta directamente a nuestras facultades espirituales (inteligencia y voluntad) sino al cuerpo sin el cual no hay pensamiento. El cerebro no es el órgano del pensamiento sino de las operaciones sensibles que son la condición del pensamiento. Por eso debemos decir que es *condición* del pensamiento (porque no podemos pensar sin imágenes, como explica Santo Tomás: cf. *Suma Teológica*, I, 84, 7). Pero esta dependencia extrínseca basta para explicar por qué las lesiones del cerebro provocan enfermedades mentales, y por qué ciertas sustancias químicas provocan pensamientos y palabras incontroladas. También explica por qué el trabajo intelectual provoca fatiga física y especialmente dolor de cabeza: ya que el trabajo intelectual exige el concurso de la imaginación que está ligada a un órgano, además de que demanda otras actividades, como leer y escribir, estar concentrado y a menudo contrahecho (encorvado sobre el libro), todas las cuales son de orden físico (cf. Santo Tomás, *Suma Teológica*, I, 75, 3 ad 2).

lo que vemos, oímos, palpamos y hacemos, es decir, de las sensaciones conscientes.

Como puede deducirse, esto mismo puede llegar a ser una solución para muchos problemas volitivos: la falta de dominio sobre la imaginación; el gobierno de los miedos que nos paralizan o nos impulsan a obrar contra nuestro verdadero bien; la dificultad para querer proveniente de la falta de concentración en el acto que debemos realizar; la torpeza para rechazar ideas, imágenes obsesivas y tentaciones en general...

También el célebre médico francés Paul Chauchard, recomendaba este tipo de trabajo "psicofísico indirecto" de Vittoz para el control de los impulsos desordenados, y señalaba que "debería ser el breviario de toda autoeducación"[45].

Expongamos muy apretadamente las líneas generales de esta educación o reeducación[46].

2) Reeducación de la receptividad

La receptividad es un estado activo y consciente respecto de lo que se recibe por los sentidos, y pasivo a todo lo demás. Aquí se habla de conciencia sensible y no intelectual. Vittoz decía que "tener conciencia de un acto no es pensar en él sino *sentirlo*"; por ejemplo, puedo lavarme por la mañana pensando en las diversas

---

[45] Cf. Chauchard, Paul, *Celibato y equilibrio psicológico*, en: Coppens, *Sacerdocio y celibato*, Madrid (1972), 517.
[46] En realidad tendría que ser llamada "reeducación", porque lo que aquí indicamos es lo que espontáneamente aprende a hacer el niño pequeño, y como todos hemos sido niños, ha sido nuestro primer modo de actuar. Más bien lo hemos desaprendido con los años y ahora se hace necesario volver a él.

actividades que tendré que enfrentar a lo largo del día y así empezar a agotarme desde temprano; pero también podría hacerlo tratando de *sentir* el ruido del agua que chorrea de la canilla, su temperatura, el olor del jabón, el gusto del dentífrico, los movimientos del cuerpo... Esto no supone esfuerzo ni interpretación alguna. Simplemente, tengo un objeto real, fuera de mí, y lo recibo espontáneamente, libre de todo pensamiento o emoción.

Recibir una sensación consciente implica no solamente la excitación o inmutación de los sentidos por su objeto propio, y la consiguiente transmisión de las corrientes nerviosas hasta los centros cerebrales, sino también la *vivificación* de las sensaciones, la *conciencia* (sensible) clara de las mismas y el *dejarlas archivadas* en la memoria. La sensación consciente es el más fácil de nuestros actos cognoscitivos, el que realizan los niños de poca edad. Es una atención suave y tranquila a la realidad exterior; recibirla tal cual es, sin que por eso tengamos que ponernos tensos: nos damos cuenta del hecho o del objeto, pero no discurrimos sobre sus causas o efectos. Miramos un árbol sin pensar que es un árbol, y menos aún, si es de tal o cual especie; simplemente solo prestamos atención al color que entra por nuestros ojos (sin intentar juzgar si es verde, amarillo o pardo), al movimiento general que produce el viento en sus ramas, al ruido de las hojas al mecerse... Muchas personas, máxime los nerviosos, los preocupados, los apasionados, y casi todos los enfermos psíquicos, rara vez tienen sensaciones nítidas, y viven en su mundo subjetivo, triste e irreal.

Mediante la sensación de "actos conscientes" la persona aprende a vivir el momento presente sin girar sobre el pasado (como el escrupuloso), sin tantas dudas (como los obsesivos), y sin anticiparse exageradamente al futuro (como los ansiosos). Vivir el momento presente es una experiencia que produce un sentimiento de tranquilidad, mejora el equilibrio nervioso y restablece la serenidad.

Este es un ejercicio fundamental para las personas que están tensionadas, estresadas, agotadas por los nervios... y, como consecuencia, con una voluntad debilitada o quebrada.

He aquí algunos posibles ejercicios para reeducar la conciencia receptiva:

a) Sensaciones visuales: aplicar la vista por unos pocos segundos a un paisaje, objeto, color, detalle, con atención casi pasiva, tranquila, sin prisas, sin fijar el pensamiento en otra cosa. Recibir la sensación sin esforzarnos, sin pensar en nada mientras la recibimos, sin modificaciones subjetivas.

b) Sensaciones auditivas: aplicar el oído a un sonido próximo o lejano, por uno o pocos segundos (ayuda el cerrar suavemente los ojos) y dejar que las ondas sonoras entren con naturalidad.

c) Sensaciones del tacto: contacto de la piel con algún objeto (pie y suelo, espalda y respaldo, mano y mesa, brazos y colchón, sábanas y piernas, brisa y rostro, etc.), sin pensar en el objeto (qué es, si frío, duro, áspero o suave, etc.), sino sólo *darse cuenta de que tengo una sensación*. La atención táctil es uno de los mejores medios para distenderte y descansar cuando uno lo desee, y para facilitar el sueño.

d) Sensación de movimiento en mí (o cinestésica): no estamos acostumbrados a sentir nuestro cuerpo, sino sólo cuando nos duele algo. Podemos controlar un "tic" cuando tomamos conciencia de nuestro movimiento involuntario. Lo mismo que la falta de precisión (torpezas), movimientos sin sentido o temblores sin causa orgánica.

Por ejemplo, si tomo una piedra en mi mano y experimento su textura, el peso, la temperatura... Mientras permanezco en contacto con mis sensaciones estoy como presente a esa realidad, y, lo que es muy importante, al menos por un par de segundos, aprendo a *suspender*, sin esfuerzo inútil, el desenvolvimiento y concatenación de mis pensamientos (¡qué importante para los que sufren pensamientos obsesivos o ametrallamientos de imágenes o ideas que intentan frenar con poco o ningún éxito!). De esta manera, al ponernos en una situación de receptividad de las sensaciones justas, el cerebro *se pone en reposo* y recupera energía.

Irala también nos sugiere otros ejercicios de entrenamiento.

a) Relajarse sentado en un sofá, tratando de tener sensaciones conscientes por algunos minutos de nuestros *músculos* que se relajan, de la *respiración* (diafragma, tórax). Después de 4 ó 5 días de entrenamiento, uno comienza a tener conciencia de algunos movimientos que nunca antes había percibido.

b) Siempre en el sofá, flexionar lentamente el brazo sobre el antebrazo; el derecho, el izquierdo, luego los dos a la vez, hasta llegar a sentir en unos días las sensaciones motrices del antebrazo.

c) Siempre en el sofá, hacer lo mismo con el brazo extendido hacia adelante y hacia atrás, hacia un lado y hacia el otro; luego, de pie, movimientos verticales, hacia arriba o hacia abajo.

d) Movimientos de flexión y de torsión del tronco.

e) Movimientos de cabeza. Dejar que los movimientos "se hagan" contentándonos con sentir que se hacen. Siempre por pocos segundos y suavemente.

f) Movimientos de las piernas: balanceo pasivo de una pierna, y luego de la otra, de modo pendular, como algo muerto.

g) Una vez dominado esto, es muy útil pasar al caminar consciente o "marcha sentida": con paso ni muy lento ni muy rápido sentir que se mueven las piernas, o el contacto del pie con el suelo, o la flexión de la pierna por la rodilla, etc.

Para realizar estos ejercicios es importante evitar toda tensión neuro-muscular (frente, ojos, mandíbula...). Si esto se realiza varias veces por día, aunque más no sea por dos o tres minutos cada vez, recibiendo tres o más sensaciones por cada sentido, en poco tiempo se notará mayor paz y alegría, el mundo aparecerá más hermoso ya que impresionará tal cual es en sí, sin las modificaciones tristes de un inconsciente descontrolado.

3) Reeducación de la emisividad

En segundo lugar debemos reeducar nuestra emisividad o atención, es decir, la capacidad de trabajar, producir...

Nuestra atención es *perfecta* cuando atendemos a un sólo objeto con exclusión de toda otra cosa; en estos casos el rendimiento es máximo, el placer natural grande y el cansancio (físico) mínimo. En cambio es *deficiente* cuando seguimos una idea con interposición de otra, con distracciones; en tales casos el rendimiento y satisfacción son menores y el cansancio mayor. Finalmente se vuelve *perjudicial* cuando seguimos varias ideas (por ejemplo una lectura, o una exposición) y al mismo tiempo (casi simultáneamente) otra *"idea parásita"* (una preocupación, un temor, un disgusto, una sensación de cansancio...); esto es como caminar cargando una mochila llena de piedras; en tales casos la fatiga será desproporcionada, anormal (psíquica), y no habrá rendimiento (las ideas no se graban, o si se graban se olvidan fácilmente). Esto último tiene dos causas principales: la falta de interés por el trabajo presente, y el excesivo temor o deseo de la idea parásita.

Muchos de los problemas que afectan a la voluntad provienen de esta doble fuente: el desinterés o *falta de entusiasmo* por las cosas que debemos hacer y las *preocupaciones* que actúan como ideas parásitas dividiendo no solo nuestra atención sino también nuestras energías. Santo Tomás llamaba a esto *debilitamiento producido por sustracción o por distracción*: "La pasión del apetito sensitivo [*nuestro afecto*] no puede arrastrar o mover a la voluntad directamente, pero puede (hacerlo) indirectamente. El primer modo es por cierto modo de *sustracción*. Porque, como todas las potencias del alma radican en la única esencia de la misma, necesariamente cuando una potencia se concentra en su acto, afloja la otra y hasta puede verse totalmente impedida. Esto ocurre ya sea porque toda la fuerza dispersada en muchas cosas se hace menor [*el que mucho abarca poco aprieta, dice el dicho*]... O también porque en las obras anímicas se requiere cierta atención que, si se aplica con vehemencia a una cosa, no permite atender vehementemente a la otra. Y de este modo, por cierta *distracción*, cuando se fortalece el apetito sensitivo en relación con una pasión, es necesario que afloje, o se impida totalmente, el movimiento propio del apetito racional, que es la voluntad"[47].

El trabajar en reeducar nuestra capacidad de concentrarnos en lo que queremos hacer y la capacidad para centrarnos solo en esto rechazando con eficacia toda otra preocupación o ansiedad, es la clave material para solucionar los problemas intelectuales, volitivos y atencionales que provienen de esta fuente.

Irala propone diversos ejercicios para reeducar esta capacidad.

a) Por medio de la concentración *visual externa*: aprender a concentrarse en un solo punto, por ejemplo, trazando con el dedo figuras en el aire (círculos, triángulos, espirales u otros dibujos imaginarios) siguiéndolas con atención y solo pensando en el dibujo que estoy haciendo.

b) Con la concentración *visual interna*: consiste en hacer lo mismo que se ha sugerido en el punto anterior, pero no con

---

[47] Santo Tomás, *Suma Teológica*, I-II, 77, 1.

movimientos físicos de mi mano o mi dedo, sino cerrando los ojos e imaginando que las escribo sobre un pizarrón; además de figuras podemos imaginar que escribimos letras o palabras. Esto se puede completar luego imaginando que las voy borrando hasta "ver" que todo queda en blanco.

c) Con la concentración auditiva: captar voluntariamente diversos ruidos; por ejemplo, seguir el sonido del reloj, diez veces sin distraerme. Luego ir aumentando. Todo esto pocos minutos cada vez y varias veces al día.

d) Con la concentración en la lectura: fijar la atención en lo que leemos hasta el primer punto. Descansar allí unos instantes con sensaciones conscientes. Retomar hasta el segundo punto, descansar, y así sucesivamente hasta completar una página (repetir tres veces por día). Es muy bueno para refrenar la prisa y ansia de terminar la lectura. Es importante mantener la relajación neuro-muscular cuando tenemos que prestar atención.

Recomiendo leer directamente los libros de Irala y de Vittoz[48].

Quiero destacar que estos ejercicios y otros similares no son prácticas exclusivas de las facultades sensitivas (imaginación, memoria, atención...) sino esencialmente de la *voluntad*; y por tal razón repercuten en un fortalecimiento y desarrollo intelecto-volitivo, es decir, de nuestras facultades superiores.

---

[48] Cf. Irala, *Control cerebral y emocional*, ya citado; Idem, *Eficiencia sin fatiga*, Buenos Aires (1994); Vittoz, R., *Traitement des psychonévroses par Controle Cérébral*, París (11ª édition: 1981). Este ha sido recientemente traducido y publicado en italiano: *Trattamento dolce delle psiconevrosi*, Macro edizioni, 2003.

En efecto, cuando la fantasía actúa sin gobierno de la voluntad, como ocurre, por ejemplo, en los sueños o en las distracciones, las imágenes se suceden por libre, ilógica y hasta absurda, asociación; tal imagen evoca tal otra con la que tiene una relación puramente casual, y a esta le sucede otra no menos articulada, todo en una alocada carrera que puede terminar en los pensamientos más disparatados e indeseados.

En cambio, con estos ejercicios se entrena el "imperio" de la voluntad sobre la imaginativa (conjunto de facultades que tienen por objeto las imágenes o fantasmas sensibles: fantasía, memoria y cogitativa); el cual gobierno, aunque no absoluto, es muy importante para nuestro equilibrio psíquico. Por ejemplo, cuando imaginamos, porque así lo hemos decidido, que escribimos sobre una imaginaria pizarra, las letras que forman un nombre o una frase, y luego continuamos imaginando que borramos una a una cada letra, no es la fantasía la que actúa dejada a su libre divagación (lo que produciría una inmediata distracción) sino aplicada por la voluntad que la determina en concreto y la gobierna para que no se escape por los arrabales de la libre asociación. De ahí que esto sea al mismo tiempo un ejercicio volitivo (como facultad imperante) e imaginativo (como facultad imperada). El resultado será, así, un "cuasi hábito" de la fantasía (porque la imaginación no es sujeto de hábitos perfectos) por el cual esta se somete, en cuanto es posible, al gobierno de nuestras facultades espirituales[49].

---

[49] Cf. Santo Tomás, *Suma Teológica*, I-II, 17, 7 ad 2.

8.

Voluntad y esfuerzo

Hemos ya mencionado que algunos problemas de la voluntad están relacionados con el temor o el rechazo del esfuerzo. Se trata de uno de los grandes problemas de nuestro tiempo en el que todo se focaliza en el *facilismo*: todo se quiere conseguir rápidamente y con el menor desgaste físico o intelectual posible (basta pasar revista a la oferta de métodos para aprender idioma como los famosos *Ruso sin esfuerzo*, *Curso de inglés fácil*, *Chino en quince días*...). La propaganda apuesta a una mayor convocatoria mientras ofrezca menos trabajo y mayor éxito... Por la misma razón se destierra de la educación la autoridad (de padres y maestros), la disciplina, los castigos, las obligaciones... y se concede, por el contrario, una libertad desmedida que prontamente degenera en libertinaje...

Esta es la clave para entender el doble fracaso de las propuestas educativas modernas. "Doble" porque no da lo que promete (es imposible aprender verdaderamente una ciencia sin luchar) y termina por arruinar las voluntades que se vuelven flácidas y tornadizas. Cuanto más produce intelectos "flacos y barrigones", como el mancarrón de la fábula: panzones por la cantidad de pseudo-conocimientos y escuálidos por la falta de asimilación existencial de los mismos.

La verdad es todo lo contrario: la "primera regla de la educación es no facilitar demasiado los ejercicios, porque estos tienen como fin la dificultad vencida"[50]. O sea, la educación apunta precisamente a *vencer dificultades* y a tomar conciencia que se *pueden vencer las dificultades*. Solo así se educa para la vida que está sembrada de dificultades. Más aún, mientras menos disciplina haya fuera del hombre, se necesita más disciplina interior. De ahí que sea tan peligroso "el cubrir de flores los caminos de la infancia… y el endulzar demasiado las actividades".

1) Esfuerzo contra facilismo

Lamentablemente, en nuestros días hasta en los (así considerados) buenos ambientes se privilegia más la atracción por el bien sensible que el heroísmo. Pero el heroísmo es una honda exigencia de nuestra naturaleza. ¿Cuánto hacemos para que nuestros educandos aspiren al heroísmo? Hemos cedido a la ley de la propaganda sensual, es decir, apostar toda la fuerza de la persuasión en los atractivos placenteros. Tenemos miedo de invitar a alguien a una actividad que le va a exigir vencimiento

---

[50] Hurtado, Alberto, *Puntos de educación*, Obras completas, I, Santiago de Chile (2003), 242.

personal. Incluso cuando sabemos que el esfuerzo formará más tarde parte de estos eventos (campamentos, caminatas, jornadas...), tratamos de no mencionarlo, indicando solo los aspectos sensualmente positivos (diversión y jarana) "para no ahuyentar" a los apocados... ¿Es este un camino acertado? Quizá no del todo, porque nos acostumbramos a no motivar la voluntad (propia y ajena) sino por el goce; solo apuntamos al apetito concupiscible, como si el irascible, facultad de superación, no necesitara ser estimulado.

No subestimemos la necesidad de ser llamados al heroísmo: "Si al Joven se le pide poco, no da nada. Si se le pide mucho, da más".

Alberto Hurtado escribía en 1942: "El hombre es naturalmente gozador. Pero por muy degradado que sea, ha menester sobre todo de grandeza y de superación. El heroísmo constituye una de las exigencias más hondas de nuestra naturaleza. Los grandes conductores, los que determinan las grandes transformaciones de la historia, no fueron quienes prometieron más placer, sino más sacrificio... La juventud, sobre todo, se deja arrastrar por el fascinador llamado del heroísmo. En un mundo de cobardía, egoísmo y delincuencia hay que proponer el ideal íntegro del sacrificio, que para nosotros es el ideal de la santidad"[51]. Y también: "Es necesario que [el niño] gane sus alegrías con el sudor de su frente; que conozca las dificultades y las contrariedades. Si lo queremos hacer feliz, no se lo digamos

---

[51] Ibídem.

demasiado. Si queremos obtener de él un esfuerzo no le propongamos un placer... Y este método que se ha de aplicar al niño desde la infancia es el mismo que ha de seguirse empleando con los jóvenes en los centros de Acción Católica [*lo que podemos decir de todo lugar educativo: escuela, familia, grupo de formación...*]. Es antipedagógico invitar a un niño o a un joven a una actividad diciéndole: «Ya verás que es bien interesante, que es divertido»... Justamente recibiremos luego esta desconcertante respuesta: «¿No es más que esto? Bah..., no me interesa». Esta es la causa de tantos caprichos en la infancia, no menos que de tantas decepciones y de tantas inconstancias en los trabajos de Acción Católica". ¡Interesantes observaciones de un gran educador!

"Hijo consentido y mimado sale libertino", dice la Sagrada Escritura (Sirácida 30,8)[52].

---

[52] Una confirmación de estos principios los hemos tenido recientemente, después de los tremendos disturbios que agitaron Londres en agosto de 2011 enfrentando miles de jóvenes con la policía. A raíz de estos incidentes, en los que quedaran implicados muchísimos jóvenes de familias económicamente acomodadas, se publicaron artículos y estudios sobre la cuestión. Un artículo con interesantes datos alude a un informe financiado en parte por el Departamento de Educación británico, encargado en buscar respuestas a un documento anterior de Unicef que había descripto a Gran Bretaña como "el país donde los niños se sienten más infelices" y "el peor lugar para ser un niño" de entre las 21 naciones más desarrolladas. El resultado atribuía este estado de cosas a que los niños británicos viven atrapados en un "círculo de consumismo compulsivo" creado por sus padres, quienes no hacen otra cosa que darles regalos para compensar las largas horas que pasan fuera del hogar. El fenómeno afecta a la niñez británica en su conjunto, sin distinciones étnicas ni sociales, es decir, tanto a ricos como a pobres. Este dato parece dar crédito a quienes aseguran que fue el consumismo, y no la pobreza, lo que motivó la ola de saqueos que tuvo en vilo a Gran Bretaña en agosto de 2011. La mayoría de los robos fue perpetrada contra tiendas de ropa y de electrodomésticos. Un 55% de los 1715 arrestados eran jóvenes menores de 20 años. "Estos chicos no salieron a reclamar un techo sobre su cabeza –sostiene Kristian Niemietz, investigador del Institute of Economic Affairs–. Lo que buscaban eran productos de buena marca y de

¿Tanto ha cambiado el panorama para que *temamos fundadamente* que si mencionamos el heroísmo o el valor espantaremos a la juventud? ¿No habrá de nuestra parte un poco de desestimación por la naturaleza de la voluntad y de los afectos de quienes debemos educar? ¿No aspira todo ser humano tanto al placer deleitable como al gozo del vencimiento? Los jóvenes que se juntan en pandillas para delinquir, que cada día son más y crecen en osadía y peligrosidad, ¿solo están atraídos por el bienestar físico? ¿No hay un apetito de experimentar su propio valor (en términos de bravura)?

Insisto en el foco de esta reflexión: no critico únicamente la falta de ocasiones de superación y vencimiento en la educación, pues esto está presente en muchas cosas que quizá organizamos para nuestros educandos, sino en el *silenciar* estos aspectos cuando convocamos a la niñez y a la juventud (o incluso a los adultos) a estas actividades. La voluntad *necesita* que el esfuerzo y el heroísmo esté presente entre los *móviles y fines* por los cuales se pone en marcha. Si es cierto que algunos frívolos no se sentirán atraídos por una convocación en la que hay perspectivas de tener que superarse o esforzarse... sumando y restando ¿se pierde más o se pierde menos si dejan de acercarse algunos que solo se animan

---

entretenimiento... La pobreza no tiene nada que ver con este tema". "En una sociedad secular y motivada sólo por consumismo como lo es la nuestra, el único valor ético reconocido por la mayoría de los adultos es una vaga noción de relativismo moral. Para muchos niños que están solos en sus habitaciones o en la jungla de la calle, esto se traduce en un «todo vale». Los hemos dejado demasiado tiempo a merced del mercado y, si no actuamos pronto, las consecuencias serán nefastas" (cf. Graciela Iglesias, "Infancia con traumas. Gran Bretaña, el «peor lugar» para ser niño", La Nación, 17 de septiembre de 2011).

por la perspectiva de la diversión y del placer, o si sacrificamos en aras de las multitudinarias convocatorias este recurso fundamental de la educación que es exigir que la voluntad en formación se mueva por el deseo de grandeza? Al menos deberíamos pensarlo seriamente.

Una verdadera educación de la voluntad implica exigirse a sí mismo —y a quienes uno educa— hacer las cosas de modo perfecto y acabado, cuanto sea posible; nunca a medias; "hacer con toda el alma aquello que se haga": "Hay que insistir mucho a los niños y no menos a los jóvenes en la necesidad de hacer bien todo lo que se hace, de hacerlo terminado, perfecto, hasta donde sea posible. Exigir la corrección en todo desde la puntualidad para presentarse en la reunión, la manera de saludar, la manera de vestir, la manera de sentarse, la cortesía a la persona que se acerca a pedir un servicio, el trato respetuoso y lleno de afecto con sus padres, jovial y alegre y bromista con sus compañeros pero siempre dentro de un gran respeto hacia ellos; el trato con la servidumbre lleno de dignidad, de consideración del valor humano del servicio que le prestan que no lo paga con dinero; el modo cristiano de viajar en tren o en un autobús, el ceder el asiento a... las mujeres y ancianos. Y no sólo el respeto a las personas sino hasta el respeto a las cosas, que en cierto sentido —no panteísta— participan de la redención, en cuanto Cristo se sirvió de ellas y las elevó al grado de instrumentos de la divinidad; por tanto no tirar basuras en las calles; no fumar donde no debe hacerse, no dar portazos, urbanidad en el comer, dignidad en el sentarse aun cuando se está solo... Toda la vida familiar, social, íntima hecha con el mismo respeto, con igual esfuerzo porque los motivos para obrar así son siempre los mismos. Esta concepción de la vida supone un inmenso esfuerzo interior que es inmensamente más difícil de exigir que el esfuerzo exterior, pero florecerá en la más bella de las virtudes que es la caridad. La cortesía es la flor de la caridad. Cuando predomina, en cambio, la cultura puramente de fachada, de apariencia para el público mientras se vive en desorden íntimo se prepara el futuro déspota. Hay personas que viven a sus anchas a solas y cultísimos en público; desarreglados, sucios, en casa y muy correctos en público, atrevidos con la servidumbre y cultísimos con las señoritas de sociedad... ¡Pasta de tiranos!"[53]

Es cierto que una educación que apuesta todo al "deber" y se apoya en el rigorismo moral está condenada al fracaso o, cuanto más, a un éxito lamentable: el de esculpir estatuas de hielo, seres sin sentimientos, sin empatía y resentidos sociales; y, a la postre, por la ley pendular de la reacción frente a todo lo que ha sido impuesto sin amor, personas que, con la excusa de liberarse del corsé de un deber *que no se comprende ni se ama*, se desligan de toda norma moral. Pero igualmente nociva es una formación sin exigencias, sin sentido del deber ni de la responsabilidad. En el equilibrio está la clave.

Y esta es también la clave para nuestra autoeducación, para forjar nuestra propia voluntad y nuestro carácter.

---

[53] Hurtado, Alberto, *Puntos de educación*, 243.

2) Algo práctico: los "innegociables"

Como estas páginas tienen una intención básicamente práctica, creo que nos ayudaría mucho para el trabajo de nuestra voluntad, el que cada uno de nosotros tuviese bien definida su "lista de innegociables", es decir, de aquellas cosas que no podemos darnos el lujo de abandonar ni hacer mediocremente. Esto puede variar en las diversas situaciones de la vida, pero no es poca la importancia de tenerlas ante nuestros ojos del modo más claro posible; por ejemplo, una persona que está intentando fortalecer los lazos de familia podría formularse un decálogo semejante a este:

"Las cosas que por ninguna razón del mundo puedo discutir ni negociar, y, por tanto, deberé realizar aunque me exijan actos heroicos, son:

1° La fidelidad a mi esposa, porque es la promesa más sagrada que he dado en esta vida.

2° La asistencia y puntualidad en mi trabajo, porque de él depende mi familia.

3° Pasar el domingo con mis hijos (dedicándome a ellos, no viendo televisión *en compañía de mis hijos*).

4°, 5°... 10°"

Cada uno tendrá razones diversas que cambiarán según se trate de alguien consagrado, casado, estudiante, trabajador, joven o adulto. Y variarán también según los problemas que cada uno tenga que enfrentar; a veces será necesario colocar propósitos relacionados con la salud física o mental de la persona ("no salirme jamás de la dieta"; "jamás probar alcohol"; "no comer nada con sal"; "caminar una hora cada día"; "dormir solo siete horas cada día"...), y otras, quizá, con su vida moral ("nunca ver televisión estando solo"; "no conectarme a internet sin que haya alguien presente que pueda ver las páginas en las que navego"; "no frecuentar tal o cual lugar"; "...").

Sean cuales fueren los actos que se señalen como "innegociables", representarán el "mínimo" absoluto por el que se debe luchar en la vida moral. De esos puntos clarísimos, tomará pie la voluntad para (re)construir su firmeza.

9.
Procrastinación y relajación de la voluntad

A muchísimas personas les sucede que el enflaquecimiento de la voluntad, disminución de su tensión, relajación o laxación, proceden de la costumbre adquirida de aplazar o dejar para más tarde lo que deben hacer en un momento preciso. Viven opuestamente al dicho popular "no dejes para mañana lo que puedes hacer hoy"; precisamente jamás hacen hoy lo que, con una buena excusa, pueden aplazar para otro momento.

Esta acción se denomina *procrastinar*; y el mal hábito del que nace *procrastinación*, del latín, *cras* y *crastinus*, el día de mañana; *crastinatio* y *procrastinatio* es el aplazamiento para el día siguiente, y también para más tarde o más adelante.

La procrastinación suele ser ordinariamente un acto de mera holgazanería pero también, en casos más graves y más raros, un trastorno del comportamiento, síntoma a veces de algún modo de depresión. Lo más común es encontrarse con la mala costumbre devenida hábito inveterado por la constante repetición. En la raíz encontramos generalmente molicie y sensualidad por la que se postergan las acciones que exigen esfuerzo. Juega en esto un papel muy importante la imaginación, porque la persona que siente tedio o pesadumbre para realizar alguna acción –excusa por la cual la posterga– experimenta en realidad *miedo*: temor al esfuerzo, al sacrificio, a dejar la comodidad de la situación actual. Y como es sabido, el miedo es causado por la "representación" imaginaria de lo que produce temor, exagerada a menudo por nuestra fantasía (un ratón paraliza a una persona, aunque objetivamente no pueda causarle ningún daño). La seriedad de un miedo no se mide, por eso, por la nocividad *objetiva* de lo que lo produce, sino por el valor *subjetivo* que la persona le asigna (cómo lo imagina)[54]. Esto explica por qué la costumbre de procrastinar va tornando cada vez más difícil el salir de la inacción: porque la persona que procrastina siempre da razones que justifiquen sus dilaciones ("esto es muy difícil, no sé cómo hacerlo, tengo muchas otras cosas que hacer, no estoy en condiciones de hacerlo, supera mis fuerzas, realmente me repugna, no estoy hecho para esto, estoy cansado, ya lo he intentado otras veces y he fracasado, esto en realidad no es tan importante, si no lo hago tampoco fastidio a nadie, ¿a quién perjudico si lo hago mañana en lugar de hoy?..."); y estas justificaciones van cargando de tintes cada vez más negativos esos actos, los cuales, reforzados en su imagen dañina, pesada o

---

[54] Cf. Miguel Fuentes, *Nuestros miedos*, Virtus/8, San Rafael (2008).

tediosa, tienden, con toda lógica, a producir más temor, y así acrecientan la tendencia a volver a procrastinar.

La procrastinación no siempre significa que la persona se queda sin hacer nada. A menudo permuta la acción que teme realizar por otra actividad más placentera, la cual es disfrazada de más urgente, impostergable, oportunísima, necesaria... En el fondo esta acción, que nos ofrece la excusa para no hacer lo que tenemos que hacer, es sencillamente más sensual y placentera y acomodada a nuestros gustos, y aunque sea realmente muy importante en sí, *no es la que tenemos que hacer aquí y ahora*, razón por la cual es vicioso dedicarnos a ella en lugar de cumplir con nuestro deber.

Hay quienes son procrastinadores eventuales, pero otros llegan a convertirse en crónicos. Estos últimos pueden, en realidad, estar padeciendo algún trastorno del comportamiento, como depresiones larvadas.

Se habla de tres modos de procrastinación:

Por evasión, cuando se evita empezar una tarea por miedo al fracaso. Puede tratarse, en realidad, de un problema de baja autoestima.

Por activación, cuando se posterga una tarea acumulando elementos y medios para que salga lo más perfecta posible... hasta que ya no hay más remedio que realizarla. Es lo que sucede a los perfeccionistas que de tan perfectas que pretenden las obras... nunca las terminan y a veces ni las comienzan.

Por indecisión, típico de las personas vacilantes que intentan realizar la tarea pero se pierden en pensar la mejor manera de hacerlo sin llegar a tomar una decisión.

Las actividades en las que la persona se refugia para evitar sus obligaciones pueden generar incluso dependencias y hábitos muy semejantes a las adicciones (si es que no son propiamente adicciones); sobre todo cuando esas acciones tienen mucha capacidad de concentrar la atención de la persona, como navegar por Internet, ver televisión...

La costumbre de procrastinar termina por enfermar y debilitar la voluntad.

Si tenemos esta costumbre, es importante: 1º analizar las excusas que hemos indicado más arriba a modo de ejemplos y ver si usamos alguna(s) de esta(s) (u otras distintas) para evadir nuestras responsabilidades; 2º estudiar cuál de los tres modos de procrastinación se aplica a nuestro caso (evasión, activación o indecisión) y 3º aplicarle las reglas de trabajo que venimos indicando para la reeducación de la voluntad. ¡Y no dejar esta tarea para mañana!

10.

¿Indecisión o egoísmo?

Muchos otros problemas de voluntad esconden, en realidad dificultades de otro tipo (psicológicas, espirituales o morales). Mencionaré dos en particular.

1) La baja autoestima

Tenemos que reconocer que algunos casos de indecisión proceden de la baja estima que algunos tienen de sí mismos; no se consideran capaces de ciertos emprendimientos, o dudan excesivamente de sus fuerzas, o desconfían exageradamente de sí mismos.

Tales casos se enfrentan con la sana autoestima... la cual tiene poco que ver con lo que se divulga con este nombre. Esto exige una breve explicación.

No debemos confundir la autoestima *mundana* con la verdadera y sana autoestima. La primera, que el mundo exalta y empuja a desarrollar, es en realidad un modo de jactancia y vanidad. Esta autoestima fatua y nociva engendra numerosos vicios: el desprecio de los demás, la división de clases, el racismo, la soberbia, el amor propio, el egoísmo... y la valoración indebida de cuanto puede ser motivo de autoestima: la belleza, los músculos, la posición social, el dinero, el poder, los logros personales, la ciencia, la raza, el escalafón... Es injusta y precaria, pues todas las cosas en que se funda son efímeras, accidentales, pasajeras, fáciles de perder... y además, *prestadas*, según aquello del apóstol: "¿Qué tienes que no hayas recibido? Y si lo has recibido, ¿a qué gloriarte cual si no lo hubieras recibido?" (1Co 4, 7). Fomentando esta autoestima se empuja a la persona a pasar de un problema quizá puramente psíquico a otro que tiene ribetes morales y desastrosas consecuencias[55].

Pero hay otra autoestima que no se opone a la humildad. La persona humilde reconoce que *de sí misma* no tiene nada en qué gloriarse, pues todo lo ha recibido de Dios; incluso es consciente de que de sí misma sólo podría tener miseria y corrupción. Pero *reconoce lo que Dios ha hecho con ella o lo que quiere hacer de ella*. Así lo vemos en María Santísima que exclama: "El Señor ha mirado la *bajeza* de su esclava; y ha hecho en mí *grandes cosas*". Un santo tiene

---

[55] Además hay que tener en cuenta que hay una "baja autoestima" que también es un modo de orgullo: es el caso del que sufre de baja estima de sí mismo, despreciándose a sí mismo, pero *sin perdonarse* este estado de cosas porque quisiera ser algo importante y grande, *por sí mismo y no por Dios*, brillando *ante los hombres y ante sí mismo y no exclusivamente ante Dios*. Estas personas con poca autoestima suelen ser resentidas y tener envidia de quienes tienen lo que ellos no tienen y con quienes pueden o se animan a lo que ellos no se sienten capaces. Y esto es orgullo. De ahí que al pretender levantarle la estima haciéndole que "crea en sí mismo", sólo se cambia la portada externa del orgullo.

una alta autoestima, o mejor, una alta apreciación de lo que Dios ha hecho o quiere hacer de él: precisamente un santo y un hijo de Dios. No duda de que, al mismo tiempo, tiene muchos obstáculos que vencer en su propia naturaleza herida[56].

Esta sana autoestima debe ser recuperada cuando la persona la ha perdido por los motivos que sean. Como dice Aquilino Polaino: "La autoestima se encuentra y recupera cuando *se rectifica el error* que causó su pérdida o cuando *se educan los sentimientos* erróneos que causaron tal extravío"[57]. Tal error es una insuficiente apreciación de sí mismo, o mejor una "depreciación". La persona que se siente injustamente incapaz de gobernarse o de dirigir su voluntad hacia un fin noble, quedará paralizada en su decisión y no producirá nunca los actos que la conducen a ese fin; actos de los que se considera incapaz. Pero si esta estimación es errónea e injustamente degradante, esto viene de no reconocer aquello de lo que somos capaces o por nuestra naturaleza o por gracia de Dios; si ignoramos de qué somos capaces por nuestra naturaleza, el error se disuelve mediante la consideración realista de los propios dones y también de los verdaderos límites... y del correr el riesgo de intentar obrar el bien. Porque a menudo no podemos saber de qué somos capaces si no lo intentamos. Y como generalmente no intentamos obrar por miedo al fracaso, al ridículo y a la

---

[56] Sólo en este sentido se puede aceptar lo que enseñan algunos profesionales, como, por ejemplo, Elisabeth Lukas: "La autoestima es nuestro *sí a la existencia,* la cual se halla íntimamente unida a la voluntad de realizar los actos y mantener las actitudes que en cada momento tienen más sentido y se ajustan a nuestras circunstancias; la existencia descansa en la *decisión por un sentido*" (E. Lukas, *Libertad e identidad*, Barcelona (2005), 78).

[57] Polaino Lorente, Aquilino, *En busca de la autoestima perdida*, 6.4.

humillación... ahí tenemos los sentimientos falsos que nos inducen al error sobre nosotros mismos: el temor a fallar y el orgullo que rehúye la humillación del fracaso.

Cambia el horizonte cuando somos humildes y dejamos de temer las frustraciones, y cuando obramos confiados en Dios y dispuestos a atribuir a Dios el éxito de nuestras empresas. Se estima acertadamente a sí mismo quien sabe que tiene algo, pero que ese algo quizá no alcance para lo que tiene que hacer, pero ni aun eso lo frena, pues confía en que Dios pondrá lo que falte para dar buen éxito a las obras que emprende por Él. En otras palabras, cuando la persona es humilde y se apoya en lo que *Dios quiere hacer de ella*, no termina siendo víctima de miedos y juicios erróneos. El que desconfía de Dios se equivoca sobre Dios y sobre sí mismo.

De aquí, pues, que las personas con baja autoestima o sentimientos de inferioridad, se curen a menudo con la *humildad*, que les da un sentido realista de sí mismas, sin amarguras, ni resentimientos, ni riesgos de producir un efecto tan dañino como la falsa inferioridad (que es su contrario y nace de él por rebote): el sentimiento de superioridad resentida[58].

Como señala Polaino Lorente en su excelente obra sobre el tema: "...La autoestima más estable, constante y verdadera sería aquella que satisficiera las condiciones siguientes:

quererse a sí mismo en Dios;

---

[58] Cf. Miguel Fuentes, *Naturaleza y educación de la humildad*, Virtus/12, San Rafael (2010).

quererse como Dios nos quiere;

querer a los otros como Dios los quiere;

querer a Dios como Dios quiere ser querido.

¿Acaso se pierde algo por intentarlo?"[59]

2) La indecisión del egoísta

El segundo caso tiene como fondo una forma particular de egoísmo o gula espiritual: el quererlo todo y no estar dispuestos a renunciar a nada.

Señala Lersh: "Hay individuos que no llegan a la acción porque les resulta imposible el decidirse, o sea elegir entre las diversas posibilidades de dirección y configuración de la vida. No pueden plantear metas claras a la voluntad, les resulta difícil llevar a cabo por sí solos el acto electivo. Por eso tienden siempre a posponerlo. Así se hallan atascados... en el estado vacilante de la indecisión"[60].

Querer es decidirse por algo, elegir algo; y elegir no solo implica decidir en una dirección sino también renunciar a otras posibles direcciones. "Toda decisión exige el sacrificio de

---

[59] Polaino Lorente, Aquilino, *En busca de la autoestima perdida*, 7.5.
[60] Lersh, Philipp, *La estructura de la personalidad*, 464. Añade: "No raras veces el sujeto incapaz de decidirse se ayuda en este atolladero, haciendo depender la decisión de circunstancias externas: por ejemplo, por el número de botones de su chaqueta decide si debe hacer dejar de hacer algo. Hemos de añadir que estos hombres incapaces de decisión pueden mostrarse como consecuentes, tenaces y dispuestos al esfuerzo en la consecución de una meta cuando la dificultad de decisión les es aliviada por otras personas. La acción de la voluntad se halla alterada en ellos solamente en el hecho de ser incapaces de llegar a una decisión por sí mismos".

algunas... posibilidades (...) Por el hecho de que una decisión lleve siempre consigo el abandono de otras metas posibles de las tendencias se comprende que la decisión resulte difícil sobre todo en los hombres que llamamos disarmónicos, refiriéndonos a las relaciones internas de sus tendencias[61]. Cuanto más se separan o se contraponen en un hombre, es decir, se hallan en concurrencia o en oposición las tendencias que actúan, menor es la probabilidad de que una de ellas adquiera la supremacía que constituye el motivo de la acción y de la conducta humanas y el cual conduce a la decisión. Goethe representa en «Clavijo» un hombre que se encuentra desgarrado entre las tendencias de su ambición y el tirón de su amor, o mejor de su compasión, a su amada y que se convierte en instrumento sin voluntad de su amigo, quien le dice: «Nada hay más lamentable en el mundo que un hombre indeciso que vacila entre dos sentimientos y querría conciliarlos y no comprende que nada puede conciliarlos si no es la duda y la inquietud que le atormentan... Decídete y te diré: eres todo un hombre»"[62].

El joven que propone matrimonio a una muchacha al elegirla renuncia a todas las demás; esto es, quiere las bondades que tiene esta mujer, que son, como todas las cosas creadas, limitadas, y renuncia a todas las bellezas y bondades que podrían brindarle

---

[61] Para Lersh, el hombre armónico es el que tiene unidad interior; el disociado o disarmónico, es el que se halla dividido por la lucha interior de distintas tendencias –"amores", diríamos nosotros–, como los desagarrados entre los impulsos de su egoísmo y los de su simpatía hacia hombres, cosas e ideas (cf. Ibídem, 177-178).

[62] Ibídem, 465. "Clavijo" es el personaje de la tragedia homónima de Goethe, escrita en 1774.

otras mujeres; porque ninguna de ellas es perfecta. El que elige la vida consagrada decide por los bienes que esta le ofrece (la dedicación total a la oración y a Dios, al apostolado, la celebración de los sacramentos, la predicación...) y renuncia a los bienes que le propone la vida matrimonial (la compañía y afecto humano de una mujer, los hijos, las comodidades del mundo...). Algunos tienen problemas para elegir, no por falta de voluntad, aunque creen a menudo que ese es el meollo de sus problemas, sino porque *no quieren renunciar a las ventajas que ofrece(n) la(s) otra(s) alternativa(s)*; es el "drama" del que no se casa con la que cocina bien porque no tiene la belleza de la que cocina mal, ni se casa con la bella porque no es inteligente, ni con la fea inteligente porque no es linda como la tonta... ¡Quieren todo, pero no es posible tener todo; no podemos ser esposos de todas las mujeres, ni esposas de todos los hombres, ni cónyuges y célibes al mismo tiempo!

A propósito de esto transcribo un párrafo muy luminoso de la psicóloga Elisabeth Lukas.

"Una mujer –relata en su obra *Libertad e identidad*– publicó en una revista unos apuntes en forma de diario donde explicaba cómo cayó en un aislamiento absoluto por culpa de su indecisión. La mujer vivió en casa de su madre viuda hasta una edad madura y siempre mantuvo con ella una relación muy profunda. Pero al cumplir los 30 años conoció a un buen hombre que quería casarse con ella. La madre desconfiaba de él y lo culpaba de todo lo malo que pasaba. No cabe duda de que esta actitud escondía el deseo de no perder a su hija. La mujer vivía en el conflicto de escoger entre dejar a su madre u olvidarse de los planes de boda. Pero, según contaba ella misma, tenía *tan poca fuerza de voluntad* que no pudo decidirse ni por lo uno ni por lo otro, así que siguió viviendo con su madre y viendo a su novio. Esta situación de incertidumbre acabó en una trágica escena de despedida en la que el hombre le hizo saber con la mayor vehemencia que no quería esperar eternamente, y desapareció. La mujer descargó toda su amargura en la anciana madre, quien se defendió argumentando que siempre había dicho que aquel hombre no valía nada. El suceso hizo empeorar la relación entre las dos y, en un arrebato de ira, la madre hizo las maletas y se fue a vivir a casa de una amiga. Allí padeció un ataque de corazón que más tarde, en un hospital, le causó la muerte. El relato autobiográfico de la mujer concluía diciendo, a modo de resumen, que ella misma arruinó su vida *por no tener fuerza de voluntad* y que ahora pasa como puede las noches solitarias con la ayuda de vino tinto y somníferos en la casa que su madre le dejó en herencia".

"La lectura de esta historia, continúa Lukas, provoca compasión por la protagonista, pero no porque el destino la haya tratado cruelmente, lo cual no deja de ser cierto, sino porque su conducta se basaba en un error. El destino le ofrecía lo que ofrece a casi todo el mundo: circunstancias positivas y negativas. Lo que ocurre es que la mujer no estaba dispuesta a aprovechar las oportunidades positivas si ello implicaba acarrear con consecuencias negativas. Éste, y no otro, era su verdadero problema. La codicia, y no la falta de voluntad, era lo que le impedía tomar una decisión. Lo quería todo: seguir siendo la hija querida por su madre y, al mismo tiempo, la esposa de su hombre. Lo quería todo, y lo perdió todo. La dificultad de decidir es uno de los rasgos típicos de las personas psíquicamente lábiles, dado que toda elección implica la renuncia de lo descartado. Por tanto, no es cierto que estas personas sean incapaces de elegir, sino que, *simplemente, no quieren renunciar*. No se pueden reconciliar con el hecho de que no pueden tenerlo todo"[63].

Elegir exige, después de una sopesada consideración de las alternativas, el volcarse de la razón y de la voluntad por una de las disyuntivas, por motivos serios *pero que, a menudo, no anulan de modo absoluto las razones de conveniencia que también se han visto en la otra alternativa*. Dicho de otro modo: el que escoge entre dos bienes (y toda elección verdadera es entre bienes) suele encontrar razones de conveniencia en ambas opciones (por ejemplo, entre consagrarse a Dios o contraer matrimonio); y aunque haya razones muy fuertes para él en una de ellas, también las hay en la otra (aunque no pesen por igual). De ahí que la certeza a la que uno puede aspirar para decidirse por una o por otra opción no puede ser más que una *certeza moral*, como en todo acto humano; no hay certezas absolutas, ni matemáticas ni metafísicas en las acciones humanas[64]. La persona que toma una decisión importante en la vida, debe ser consciente que tiene que asumir

---

[63] Lukas, Elisabeth, *Libertad e identidad*, 20-22.
[64] "En los negocios humanos no puede darse una prueba demostrativa e infalible; basta una certeza moral" (Santo Tomás, *Suma Teológica*, I-II, 105, 2 ad 8).

los riesgos que conlleva lo que ha decidido, con la resolución de no volver atrás la mirada (hacia la alternativa dejada en el camino) cuando se presenten las dificultades que pueden advenir en el futuro, ni debe permitirse nunca lamentar lo que dejó atrás. No puede ser feliz quien pasa la vida llorando las cebollas que comía en Egipto (cf. Núm 11,5).

Una decisión es correcta cuando se tienen serias y graves razones para tomarla, y *siempre* implicará renunciar a cosas buenas y deseables, precisamente porque es *elección entre bienes* y no entre un bien y un mal. Tanto el joven que decide casarse dejando de lado la vida consagrada, como el que se consagra renunciando al matrimonio, dejan algo muy bueno por otra cosa muy buena; cada uno tendrá razones para pensar que lo que elige es más bueno para él, pero también ha de saber que lo que deja atrás también es bueno y que no podrá evitar el sufrimiento de no tenerlo todo. En esta vida no se puede tener todo; y el que quiere tenerlo todo, se queda sin nada.

Esta codicia o egoísmo básico es, en muchos casos, el verdadero rostro de una aparente indecisión o dificultad volitiva.

3) Remedio de la indecisión

Transcribo a continuación cuanto dice Irala al respecto de los que tienen problemas de vacilación[65]:

---

[65] Irala, *Control cerebral y emocional*, 189-192.

El mayor enemigo del esfuerzo volitivo es la indecisión, común a casi todos los enfermos. En la lucha de ideas prácticas, si harán o no harán, si realizarán esto o aquello, no saben dar la victoria a una de las partes y concluir la discusión, excluyendo las otras posibilidades. Deberán corregirla rápidamente. "En la duda elige el camino que parezca mejor y ten valor para dejar los otros" (S. W. Ford).

a) Cuando la indecisión proviene de abulia o pereza de la voluntad, será útil ejercitarse con frecuencia en actos volitivos aun en cosas pequeñas o indiferentes, o en las que ordinariamente hacemos por rutina.

b) Si es por falta de concentración intelectual por no poder fijar el pensamiento en el acto que intentamos realizar, reedúquese esta concentración [*ya explicamos más arriba, en el capítulo VII, cómo hacerlo*] y luego será fácil concretar el acto y decidirse.

c) Cuando la indecisión proviene de la equivalencia de los motivos en pro y en contra que parecen equilibrarse, si se trata de una cuestión importante y podemos consultar a una persona prudente, sería razonable hacerlo y decidirnos según su parecer. Siendo el asunto de menos importancia o no pudiendo consultar, debemos decidirnos por cualquiera de los dos extremos. Algunos santos, en casos semejantes, hacían breve oración pidiendo a Dios resolviese la duda por la suerte, y se abrazaban confiados con el resultado.

d) Si la dificultad proviene de la variedad de motivos opuestos que al querer decidir o ejecutar oscurecen el motivo principal, debemos dejarnos impresionar únicamente por el motivo que nos movió primero, que suele ser el principal, y decidirnos en seguida, sin considerar los motivos secundarios opuestos.

El que no obra después que piensa es que pensó imperfectamente (Guyau).

Educación no de fanal (= campana de cristal), o invernadero que sólo trata de evitar las ocasiones para hacer imposibles las faltas, ni meramente negativa, que se contenta con corregir defectos, sino positiva, que propone siempre progresos por realizar, perfecciones por adquirir, virtudes por practicar. Esto aumenta la alegría, el entusiasmo y el valor. *La educación no consiste tanto en hacer practicar el bien, como en enseñar a quererlo.*

Tuve un alumno de buen fondo, continúa Irala, pero sumamente ligero y débil de voluntad; siempre estaba castigado. Le pregunté por qué no hacía esfuerzos para corregirse. "Yo sí quiero, pero no puedo". Examiné su acto volitivo: no lo concretaba ni sentía su posibilidad. Le propuse, para que no faltase al silencio, que del recreo al estudio y del estudio al aula, etcétera, se mordiese la lengua. "¿Lo puedes hacer?" "Sí, Padre". De este modo concretando y sintiendo la posibilidad, un día por darme gusto a mí, otro en honra de la Virgen o para agradar a Jesucristo, etc., hizo actos volitivos concretos. Por la noche le preguntaba: "¿Cuántas veces faltaste?" —"ocho". —"Pues besa ocho veces el crucifijo y prométele no faltar mañana". El resultado fue la enmienda rápida, alegre y completa.

La voluntad es para conquistarse el hombre a sí mismo, y la educación de la voluntad es la estrategia de esta conquista (E. Faguet).

11.

Voluntad y responsabilidad

Otra de las causas de la indecisión "se basa en una aversión a aceptar la responsabilidad y el riesgo. La mayoría de las decisiones llevan consigo un riesgo, presuponen el valor de arriesgarse y de aceptar una responsabilidad y, por tanto, también una confianza en las propias fuerzas"[66].

Por eso, la educación de la voluntad tiene su principal manifestación en el *sentido de la responsabilidad*. El hombre de voluntad formada es, si hablamos de caracteres, el auténticamente responsable. La tentación más lógica habría sido identificar la voluntad formada con el heroísmo; pero hay dos modos de heroísmo: el circunstancial y el permanente. El primero se manifiesta en destellos momentáneos pero fugaces y puede corresponder a un verdadero heroísmo de la voluntad que se entrega de modo absoluto exponiéndose al sacrificio personal,

---

[66] Lersh, Philipp, *La estructura de la personalidad*, 466.

pero también puede responder a un arranque pasional de audacia o de ira, es decir, a una oleada de adrenalina fluyendo por el torrente sanguíneo al ver amenazado algo que se ama. El segundo, por el contrario, puede pasar desapercibido, pero exige más fuerza, más convicción y mayor valentía, pues se realiza en la fidelidad cotidiana, constantemente repetida, de hacer bien todo lo que hay que hacer, no abandonando el compromiso aceptado, venciendo la monotonía de la repetición, el cansancio y el desaliento. Cincuenta años de fidelidad matrimonial pueden poner al descubierto más heroísmo que jugarse el pellejo por la esposa en un instante de peligro. El sentido de la responsabilidad va en esta última línea de valentía.

La formación de la voluntad y su reeducación debe tener por mira esta segunda fortaleza volitiva; quien la posee será también héroe en el otro sentido, si las circunstancias lo demandan. Pero quien confunda heroicidad con la osadía ocasional, y no entrena su voluntad en la reciedumbre de la fidelidad a sus deberes cotidianos, es decir, en ser totalmente responsable de sus obligaciones, no debe creerse valiente ni firme, aunque esporádicamente tenga algún destello en ese sentido.

Desgraciadamente hay muchos que se creen bravos pero son personas de voluntad mojigata.

Hace setenta años atrás, cuando estas cosas marchaban *un poco mejor que ahora*, ya se lamentaba el P. Hurtado: "Uno de los rasgos más salientes que llaman la atención a quien estudia cuidadosamente nuestra época es la falta de responsabilidad que se echa de ver en nuestros días. La impresión general que deja ver la joven generación contemporánea es la de no tomar nada en serio, la de no cuidarse de guardar la palabra empeñada, de proseguir las obras comenzadas. Los ejemplos que podríamos citar son innumerables. Jóvenes que toman a su cargo una obra, la protección de una familia pobre, un apostolado, determinado y por la más mínima dificultad desisten con toda naturalidad de lo comenzado sin detenerse a pensar en las consecuencias que su actitud acarreará para los demás. Se inscriben en un grupo, comienzan a asistir a las reuniones, pero por el más mínimo motivo dejan de seguir asistiendo... Ofrecen su cuota, pero el día menos pensado dejan de pagarla «porque sí». ¡La puntualidad! no la conocen muchos. No han reflexionado sobre el valor del tiempo para los demás, sobre el respeto que deben a sus semejantes a quienes no debieran exponerlos a perder ni siquiera un minuto de su tiempo. No se valoriza cada cosa por su aspecto intrínseco y por tanto no se le da el sitio que le corresponde en una jerarquía de valores bien ordenada. Se encarga a un joven la preparación de un círculo de estudios, y no lo prepara o lo hace superficialmente para salir del paso. ¿Cuántos se dan cuenta que ese tema tal vez no lo oirán más sus compañeros; que quizás se alejarán de esa actividad al sentirse defraudados en sus esperanzas de formación o de apostolado? Y el fracaso de una obra a la que han ofrecido su actividad no parece preocuparlos mayormente ni les hace perder un momento de sueño ni la olímpica paz de su espíritu"⁶⁷.

¿Quién de nosotros no ha experimentado parecidas experiencias amargas con muchos que nos deberían secundar en los trabajos y grandes empresas... y que "están-pero-no-están", es decir, nos quieren ayudar pero sin asumir compromisos totales, absolutos *como si de esto dependiese su vida eterna*...? Por eso no perseveran.

El gran formador que acabamos de citar atribuía la causa de esta falla de responsabilidad al temor al sacrificio: "Otra de las características de nuestra juventud ante el problema de la responsabilidad es la *falta de sacrificio que demuestra para aceptar las responsabilidades que le incumben.* No sólo no profundiza conscientemente cuál sea su responsabilidad, sino que de ordinario cuando llega a conocer cuál sea ésta, no afronta los sacrificios necesarios para realizarla. Un espíritu de comodidad, de indolencia, de falta de esfuerzo... un ansia de placer ha invadido nuestro mundo moderno (...) Aburguesamiento de la juventud; instalación de lleno en el ambiente de este mundo y pérdida total, de parte de muchos, de la visión de eternidad en la vida y consiguientemente ansia de placer desmedida. Se ha olvidado que ella ha sido hecha no para el placer, sino para el heroísmo. Quiere evitar todas las molestias de la acción. El amor gigantesco de un Francisco de Asís que lo renuncia todo por Cristo, el de Francisco Javier que abandona toda comodidad para ganar almas para

---

[67] Hurtado, Alberto, *Puntos de educación*, 245.

Cristo, el celo de San Pablo que aspira incluso a ser anatema por ganar sus hermanos para Jesús, eso está muy lejos de ser siquiera comprendido por el espíritu de la mayor parte de nuestros contemporáneos.

La inconstancia en el bien comenzado es consecuencia natural de esta actitud espiritual. Como no hay arraigo ideológico suficiente, falta el espíritu de sacrificio para hacer frente a los compromisos en los días malos y difíciles y de ahí que es la gana, la que determina la conducta. Si hay gana se acude; si no hay gana, no se acude y se abandona la obra comenzada, como trágicamente lo estamos comprobando todos los días, con gravísimo daño en las obras comenzadas"[68].

Hoy muchos tienen verdadero miedo al *compromiso*, es decir, a quedar ligado y obligado por la propia palabra y promesa a cualquier actividad. De ahí que se eluda todo lo que puede parecer definitivo, sea en el campo del trabajo, del apostolado, del servicio y *del mismo amor*; por eso disminuyen los matrimonios y aumentan las "uniones de hecho", o sea, la cohabitación sin compromiso, el "amor con puerta abierta" para irse dejando plantada a la persona a quien se usa para satisfacer el propio deseo —o quizá a quien se quiere con sincero cariño emotivo— pero a quien no se ama tanto como para entregársele *para siempre*. Esto muestra a las claras que se vive más en el plano emotivo sensible que en el volitivo; como escribía Aquilino Polaino: "El querer se asienta hoy más en el emotivismo que en la voluntad racional; en la epidermis que en el

---

[68] Ibídem, 246-247.

corazón. Acaso por eso haya tanto miedo al compromiso. El auténtico querer humano no usa medias tintas, no es una chaqueta de quita y pon, no es una experiencia transitoria o, en la mayoría de los casos, instantánea; algo transeúnte y fugaz que tras de su paso nada deja. El querer de la persona exige que se ponga en juego todo el ser, que se apueste la persona entera y sus futuros proyectos a una sola carta. Amar, escribió Aristóteles en su *Retórica*, consiste en «querer el bien para el otro»"[69]. Si se confunden los planos de la emoción con el de la voluntad, reduciendo todo al primero, no es de extrañar que las personas, aun creyendo que han amado mucho en la vida, tengan en realidad una voluntad atrofiada y una afectividad hipertrofiada.

Por tanto, en este plan de trabajo espiritual sobre la voluntad, es necesario trabajar, sea sobre nosotros mismos, sea sobre los que tenemos que educar, creando "el sentido de responsabilidad". Esta es la piedra de toque para comprobar si tenemos o no una voluntad formada.

Responsabilidad viene de *responder*, cuyo término latino (*respondere*) tiene dos posibles acepciones: el de "res ponderare", que significa "pesar la cosa que se tiene entre manos", y el de "respondere", es decir, "dar respuesta o razón". La responsabilidad se trabaja en ambos sentidos.

Primero como "ponderación". Hay que habituarse a tomar el "peso" (*pondus* en latín) de los asuntos que tenemos entre manos. Tomar el peso quiere decir, hacerse cargo de su importancia y

---

[69] Polaino Lorente, Aquilino, *En busca de la autoestima perdida*, 3.2.

valor; tener conciencia de las consecuencias que se derivan de lo que decidamos hacer y de lo que dejemos de hacer. Cuántos bienes y males dependen de cada acto que está bajo mi responsabilidad. Se actúa, a menudo, con una espantosa superficialidad por falta de consideración. ¡Cuántas personas y cuántas cosas *dependen* de lo que yo haga y de cómo lo haga! ¡Incluso mi propio futuro! Cuántas vidas hipotecadas por la estupidez de una juventud despilfarrada; cuántas naciones, como la *nuestra*, se descomponen como un cadáver, por la irresponsabilidad de quienes las han gobernado o las gobiernan neciamente. Debemos ser plenamente lúcidos del incalculable valor que puede tener para muchas personas un buen consejo que hoy escuchan de nuestra boca, o un ejemplo nefasto que ahora nos ven realizar.

En segundo lugar, como "respuesta". Vamos a tener que responder, es decir, dar cuenta de todos nuestros actos y decisiones, ante Dios y ante los hombres. Y no solamente en el día del juicio final, sino, como vemos tan a menudo, más temprano que tarde en esta misma vida.

Es necesario, en fin, luchar denodadamente contra la superficialidad, pues ésta, más que la pasión alocada o el vicio que enloda el alma, es el verdadero enemigo de la voluntad[70].

---

[70] Cf. Miguel Fuentes, *La superficialidad*, Virtus/15, San Rafael (2011).

12.

La religión y la formación de la voluntad

"Es generalmente reconocido que la moralidad y la religión favorecen la formación de la voluntad. La última razón se halla en que la religión ofrece al creyente los motivos más fuertes que puede haber para una vida moral"[71].

Este último punto me limito a referirlo en líneas generales porque no creo que su comprensión ofrezca grandes dificultades. Es evidente que todo el trabajo volitivo obtiene de la espiritualidad y de la práctica religiosa su mayor fuente de energía y perfección. Y esto por muchas razones que paso a mencionar[72].

Ante todo, porque sabemos por nuestra fe que la voluntad, como las demás potencias, ha quedado herida por el pecado

---

[71] Fröbes, J., *Compendio de psicología experimental*, 354.
[72] Pueden ser útiles las consideraciones que he señalado, siguiendo al beato Manuel González, en: Miguel Fuentes, *De lobos a corderos. Educación y gracia*, Virtus/4, San Rafael (2008).

original; esa herida es una particular debilidad para querer y obrar el bien. El sacramento del bautismo borra verdaderamente el pecado original, pero no nos quita las heridas que él ha producido en nuestras facultades (el *fomes peccati*), y será, precisamente, en la lucha y superación de aquellas, que se conquista la vida eterna[73]. La gracia no solo eleva la naturaleza sino también le confiere fuerzas nuevas para poder realizar el bien moral[74], aunque no suprime ni su fragilidad ni su debilidad[75]. Junto con la gracia, se nos concede todo un conjunto de hábitos infusos (las virtudes

---

[73] Cf. Catecismo de la Iglesia católica, n. 407: "La doctrina sobre el pecado original –vinculada a la de la Redención de Cristo– proporciona una mirada de discernimiento lúcido sobre la situación del hombre y de su obrar en el mundo (...) Ignorar que el hombre posee una naturaleza herida, inclinada al mal, da lugar a graves errores en el dominio de la educación, de la política, de la acción social y de las costumbres". Ibídem, n. 418: "Como consecuencia del pecado original, la naturaleza humana quedó debilitada en sus fuerzas, sometida a la ignorancia, al sufrimiento y al dominio de la muerte, e inclinada al pecado (inclinación llamada «concupiscencia»)".

[74] Cf. Santo Tomás, *Suma Teológica*, I-II, 109, 1-4. Sin la gracia que fortalece nuestra naturaleza podemos conocer la verdad y hacer el bien *proporcionados a nuestra naturaleza* (la verdad y el bien intrínsecamente sobrenaturales son, en cambio, inalcanzables e impensables sin la gracia divina), pero sin ella *no podemos* conocer toda la verdad natural sin grandes esfuerzos, sin mucho tiempo y sin riesgos de errores (como lo demuestra la historia de los grandes filósofos quienes, a pesar de su lucidez, han mezclado grandes errores a sus incuestionables aciertos, enseñando unos, con absoluta certeza, lo que han negado rotundamente otros), no podemos realizar todo el bien natural ni cumplir todos los mandamientos juntos y siempre, ni perseverar en el bien, ni salir del pecado…

[75] Cf. Catecismo de la Iglesia católica, n. 1426: "La vida nueva recibida en la iniciación cristiana no suprimió la fragilidad y la debilidad de la naturaleza humana, ni la inclinación al pecado que la tradición llama concupiscencia, y que permanece en los bautizados a fin de que sirva de prueba en ellos en el combate de la vida cristiana ayudados por la gracia de Dios (cf. Concilio de Trento, DS 1515)".

teologales y los dones del Espíritu Santo) y se elevan los hábitos buenos naturales[76].

En segundo lugar, porque confiere nuevos motivos, más altos y más lúcidos, para obrar: la santificación personal, la perspectiva de la vida eterna y del mérito sobrenatural para poder alcanzarla, la vida de la gracia y de la imitación de Jesucristo y sus santos; la vocación como hijos adoptivos de Dios Padre...

La práctica religiosa cuenta asimismo con innumerables medios para fortalecer la voluntad: los sacramentos que dan vida, regeneran y alimentan el alma (en particular la confesión y reconciliación del pecador y la comunión eucarística del Cuerpo del Señor); la santa Misa; la vida de oración y las prácticas de piedad; el influjo de la oración de los demás cristianos (comunión de los santos) y, en particular, la intercesión de los bienaventurados...

---

[76] Cf. Catecismo de la Iglesia católica, n. 1810: "Las virtudes humanas adquiridas mediante la educación, mediante actos deliberados, y una perseverancia, reanudada siempre en el esfuerzo, son purificadas y elevadas por la gracia divina". El Catecismo recoge aquí la tradición de las virtudes morales propuesta por autores como san Buenaventura. En este punto otros autores, como santo Tomás de Aquino, han sostenido que Dios, junto con la gracia, comunica también virtudes morales *infusas* que dan al hombre una capacidad totalmente superior a la de las relativas virtudes morales adquiridas; ambos órdenes de virtudes (las infundidas por Dios y las adquiridas por el esfuerzo del hombre) se relacionan e implican mutuamente para el obrar sobrenatural. De hecho, esta línea sostiene que la virtud infusa es la que nos capacita para realizar actos sobrenaturales (por ejemplo, actos de justicia o prudencia sobrenatural) pero es la virtud adquirida la que nos da la facilidad y práctica para realizarlos. Teológicamente hablando ambas teorías gozan de argumentos a favor, por lo que el tema está abierto a la discusión y a las propuestas.

No puede caber duda alguna, pues, de que la persona con convicciones religiosas serias cuenta con medios incalculablemente valiosos para su trabajo sobre la voluntad.

13.

Conclusiones

Al final de estas páginas que esbozan solo de modo somero algunas pautas para trabajar la propia voluntad (autoeducación) o para ayudar a quien necesita vencer su debilidad o apatía, tratemos de sintetizar en una serie de principios las principales ideas.

1º Sin una voluntad vigorosa e inquebrantable es imposible atravesar las aguas procelosas de esta vida sin anegarse en algún vicio o caer heridos, víctimas de esclavitudes degradantes.

2º La voluntad flaca por razón del temperamento o debilitada por la nula o deficiente educación del carácter o deformada por la mala conducta, no soluciona su problema sin un trabajo serio y metódico. No se puede librar la *educación* y menos la *sanación* de la voluntad al acaso y a la espontaneidad, a menos que esperemos un milagro.

3º Debemos comenzar por identificar todos los defectos de nuestra voluntad, haciéndonos lúcidamente cargo de cuáles son sus precisos vicios, carencias y anomalías.

4° También debemos tratar de conocer adecuadamente cuáles son las causas últimas de estos problemas volitivos.

5° El objetivo del trabajo es corregir la deficiencia y adquirir los hábitos virtuosos que perfeccionan la voluntad.

6° Un paso fundamental es el trabajo sobre los motivos, que, en el fondo, implican un aprendizaje del amor al bien virtuoso, porque solo una voluntad enamorada y apasionada por la virtud será capaz de moverse sin desfallecimientos.

7° Luego será necesario aprender a planear la vida volitiva: proponiéndose *metas* (fines) concretas, actuales, atractivas; *medios* verdaderamente eficaces y conducentes a esos objetivos.

8° No hay educación y menos reeducación de la voluntad sin un serio control, es decir, sin examinar diariamente el trabajo de la voluntad.

9° En muchos casos se hará necesario también aprender a usar correctamente nuestras potencias, de modo tal que podamos servirnos de ellas con eficiencia y sin tanto desgaste inútil de energía. Reeducando la recepción de las sensaciones conscientes y aprendiendo a concentrarnos sobre una sola idea cada vez, podremos combatir las ideas parásitas que nos desgastan o incluso obsesionan.

10° La voluntad es la facultad del esfuerzo; educar es mejorar la capacidad de esforzarnos y de trabajar en la consecución de un ideal. Si bien el trabajo de educación de nuestra voluntad tiene que ser paulatino, yendo de pequeños esfuerzos a esfuerzos cada vez mayores, aceptando con paciencia este camino lento y sembrado de éxitos y fracasos, nunca debemos bajar la guardia entregándonos a la ilusión del facilismo.

11° Esta obra es más costosa al comienzo que en su posterior desarrollo; por eso no hay que desanimarse ante las primeras fatigas. La adquisición de los hábitos virtuosos hace entrar este trabajo en un cauce más apacible, aunque nunca se debe suponer terminado (el que no avanza, retrocede).

12° Algunas veces la dificultad para tomar decisiones proviene de una baja autoestima que se corrige no a través de una nociva autoestima narcisista, sino de una correcta apreciación de sí mismo plenamente compatible con la humildad cristiana, el realismo y la magnanimidad.

13° Otras veces, en cambio, la indecisión se debe al egoísmo de la persona que no quiere renunciar a ninguna de las ventajas que le ofrecen las distintas opciones entre las que tiene que elegir.

14° Consideremos que no hemos obtenido ningún logro verdadero en la educación de la voluntad mientras no hayamos conquistado las virtudes que perfeccionan la voluntad. La educación o es una cuestión de hábitos virtuosos arraigados, o no es nada.

15° No hay que pensar en una educación rápida de la voluntad. Esto toma tiempo, como cualquier obra de arte; o como la más importante y difícil obra de arte que puede proponerse el ser humano.

CONCLUSIONES

16º El trabajo sobre nuestra voluntad dura toda la vida.

17º La única posible educación o reeducación de la voluntad exige la ayuda de la gracia divina, porque realmente tenemos un defecto raigal que afecta a la voluntad (las secuelas del pecado original) y ciertamente nuestra voluntad tiene un destino que va más allá del horizonte natural: alcanzar a Dios. Y esto no es un principio válido exclusivamente para los creyentes sino para todo hombre, pues todo ser humano, pagano, judío o cristiano, tiene esta lesión (y el no cristiano no solo la lesión sino la causa de la misma que es el pecado original si Dios no ha proveído a quitárselo por caminos que solo Él conoce) y está llamado a la única felicidad que colma al hombre, que es la visión y el amor de Dios Uno y Trino. El hombre que ignora inculpablemente estas verdades no se hará responsable de su ignorancia, pero no por eso tiene menos dificultades ni está orientado a un fin menos noble.

Como ha escrito Santiago Alberione: "Regular la voluntad significa regular todo el hombre, por tanto también el cuerpo. La voluntad está bien regulada si es fuerte, hasta mandar y hacerse obedecer por las potencias y sentidos, por un lado; y por el otro, si es tan dócil ella misma que obedezca siempre a la voluntad de Dios, sea *de signo* o *de beneplácito*:[77] por tanto un doble cometido. Entrambos son difíciles, porque a menudo los sentidos se

---

[77] *Voluntad de signo..., de beneplácito*: expresiones con las que, tomándolas de san Francisco de Sales (*El Teótimo* o *Tratado del amor de Dios, l. VIII*), se indicaban los dos aspectos de la conformidad a la voluntad de Dios. La voluntad de *signo*, o voluntad *significada*, es la que se manifiesta claramente, por medio de preceptos o consejos; la voluntad de *beneplácito* es la que se manifiesta por las situaciones de la vida o por los acontecimientos, queridos o permitidos por Dios.

sublevan, y hace falta firmeza, destreza, gracia divina. Y antes aún, gran luz, persuasión, fe"[78].

---

[78] Alberione, Santiago, beato, *Alma y cuerpo para el Evangelio. Opúsculos (1953-1957)*, Roma (2005), 242-243.